초판 1쇄 발행 2021년 5월 20일

기획·글 도토리창작연구소 그림 오우성
펴낸곳 도서출판 아라미
펴낸이 백상우
편집 정유나 디자인 이하나 마케팅 성진숙 관리 정수진
등록번호 제313-2009-131호
주소 서울시 마포구 토정로 192 진영빌딩 206호 전화 02-713-3257 팩스 02-6280-3257
E-mail aramy777@naver.com

ⓒ 아라미, 2021

ISBN 979-11-88510-51-1 74710   979-11-88510-45-0 (세트)

제조자명 도서출판 아라미 제조년월 2021년 5월 20일 품명 어린이책 제조국 대한민국 모델명 똑똑해지는 속담 505 사용연령 8세 이상
주소 서울시 마포구 토정로 192 진영빌딩 206호 전화 02-713-3257 팩스 02-6280-3257
주의 종이에 베이거나 긁히지 않도록 조심하세요. 책 모서리가 날카로우니 던지거나 떨어뜨리지 마세요.

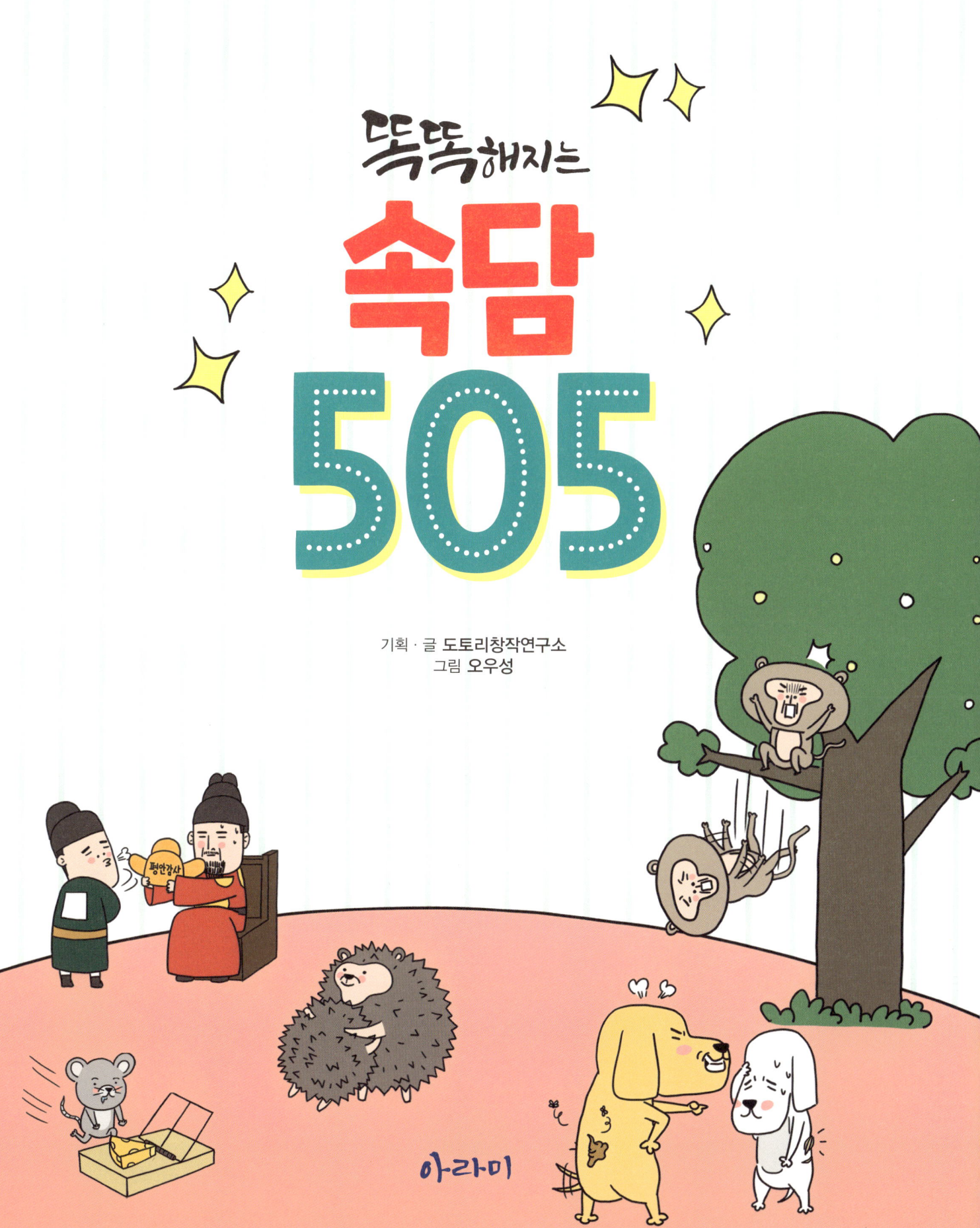

똑똑해지는 속담 505

기획·글 도토리창작연구소
그림 오우성

아라미

머리말

**알찬 속담이 505개나!
똑똑해지는 두뇌 개발 놀이도 함께!**

"간에 붙었다 쓸개에 붙었다 한다."
"방귀가 잦으면 똥이 나온다."
"하늘이 무너져도 솟아날 구멍이 있다."

어떤가요? 재밌고 웃기지요?
이렇게 풍자와 해학이 듬뿍 담긴 속담은
이상한 행성에서 지구로 툭 떨어진 게 아니라
우리 조상들이 서로 대화하며 주고받던 말이랍니다.
고개를 끄덕이게 하는 교훈과 지혜가 들어 있지요.
덤으로 우리 조상들의 전통 문화를 엿볼 수도 있고요.

속담을 많이 알면 여러분의 창의력과 상상력이 쑥쑥 자라요.
자기 생각을 더 잘 표현할 수 있고,
설득력 있게 글을 쓰고 재미나게 말할 수 있어요.

이 책에는 이렇게 보물 같은 속담이 505개나 담겨 있어요.
여러 가지 놀이를 하며 속담의 뜻을 알아맞혀 보세요.
가족이나 친구와 속담 대결을 할 수도 있답니다.

자, 이제 지혜와 풍자가 넘치는
속담의 세계로 풍덩 빠져 볼까요?

차례

머리말 4

1 속담 빈칸 완성하기 6

2 속담 숨은그림찾기 36

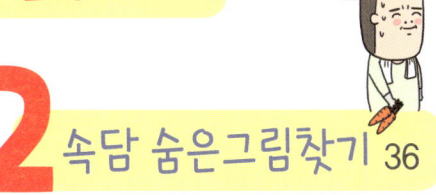

3 가로세로 속담 퍼즐 64

4 둘이서 하는 속담 놀이 76

5 재미만만 속담 알아맞히기 106

6 호호깔깔 이야기 속담 136

쉬어 가기 : 미로 찾기 28, 58, 100, 128, 158

속담 파워업1 32, 62, 102, 132, 162

속담 파워업2 34, 103, 134, 163

1

속담 빈칸 완성하기

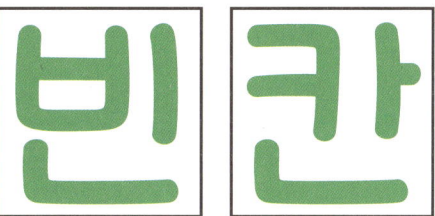

속담 내용을 나타내는 재치 있는 그림들을 잘 보고, 빈칸에 들어갈 낱말을 **보기**에서 골라 써 보세요.

숲속 동물 나라

1

☐☐☐☐도
제 새끼는 함함하다고 한다.
엄마 아빠 눈에는 자식은 모두 예뻐 보인다는 뜻이에요.

*함함하다: 보드랍고 반지르르하다.

호랑이 그놈... 별거 아니야.

2

☐☐☐도
제 말 하면 온다.
그 자리에 없는 사람을 흉보지 말라는 뜻이에요.

보기 사람, 나무, 고슴도치, 호랑이

3. 원숭이도 ☐☐에서 떨어진다.
아무리 익숙한 사람이라도 간혹 실수를 한다는 뜻이에요.

4. ☐☐은 죽으면 이름을 남기고 호랑이는 가죽을 남긴다.
훌륭한 일생을 산 사람은 죽은 이후에도 칭송을 받는다는 말이에요.

1. 고슴도치 2. 호랑이 3. 나무 4. 사람

남극 요정들

13
내 ⬜가 석 자다.
자기 일이 너무 급해서 남을 생각할 여유가 없다는 뜻이에요.

14
⬜에 쓴 약이 병에는 좋다.
누군가 충고나 조언을 하면 당장은 듣기 싫지만 귀 기울여 들으면 자신에게 좋다는 뜻이에요.

탐스러운 농작물

17
☐☐이 넝쿨째로 굴러떨어졌다.
뜻밖에도 아주 좋은 일이 생겼다는 뜻이에요.

18
열 번 찍어 안 넘어가는 ☐☐ 없다.
이루기 어려워 보이던 일도 노력하면 이루어진다는 뜻이에요.

보기 벼, 나무, 호박, 고추

19 작은 ☐☐가 더 맵다.
덩치가 작은 사람이 큰 사람보다 더 재주가 좋고 야무지다는 뜻이에요.

20 ☐ 이삭은 익을수록 고개를 숙인다.
지혜롭고 많이 아는 사람일수록 겸손하다는 뜻이에요.

보기 방, 바늘, 봉창, 벽

23
☐에도 귀가 있다.
비밀이란 지키기 어려운 것이기에 말조심해야 한다는 말이에요.

24
쉬 더운 ☐이 쉬 식는다.
별로 노력하지 않고 얻은 결과는 쉽게 무너진다는 뜻이에요.

21. 바늘 22. 봉창 23. 벽 24. 방

보기 모과, 귀걸이, 정승, 감초

31. 개같이 벌어서 ☐☐같이 쓴다.
험한 일도 가리지 않고 열심히 일해서 번 돈을 보람 있게 쓴다는 뜻이에요.

32. 약방에 ☐☐
무슨 일이나 꼭 참여하는 사람이나 꼭 있어야 하는 물건을 말해요.

보기 원님, 선무당, 감사, 사공

어촌생활

35
☐☐ 이 많으면 배가 산으로 간다.
여러 사람이 너무 자기 주장만 앞세우다 보면 일이 엉뚱하게 풀린다는 뜻이에요.

민간신앙

36
☐☐☐ 이 사람 잡는다.
능력이 안 되는 사람이 잘하는 척하다가 일을 망친다는 뜻이에요.

조선 시대 여행

37. ☐☐ 개 삼 년에 풍월을 한다.
잘 몰랐던 분야라도 오랫동안 접하고 반복하면 잘할 수 있게 된다는 뜻이에요.

38. ☐☐☐ 에서 숭늉 찾는다.
지나치게 서두르는 사람을 보고 하는 말이에요.

쉬어 가기

계속 노력하는 사람은 침체되지 않고 발전한다는 뜻의 속담은 무엇일까요? 미로를 따라서 찾은 속담을 아래 빈칸에 쓰세요.

41. 구르는 돌에는 이끼가 끼지 않는다

42.

철없이 함부로 덤빈다는 뜻의 속담은 무엇일까요?
미로를 따라서 찾은 속담을 아래 빈칸에 쓰세요.

42. 하룻강아지 범 무서운 줄 모른다.

쉬어 가기

말을 잘하면 어려운 일도 해결될 수 있다는 뜻의 속담은 무엇일까요? 미로를 따라서 찾은 속담을 아래 빈칸에 쓰세요.

43.

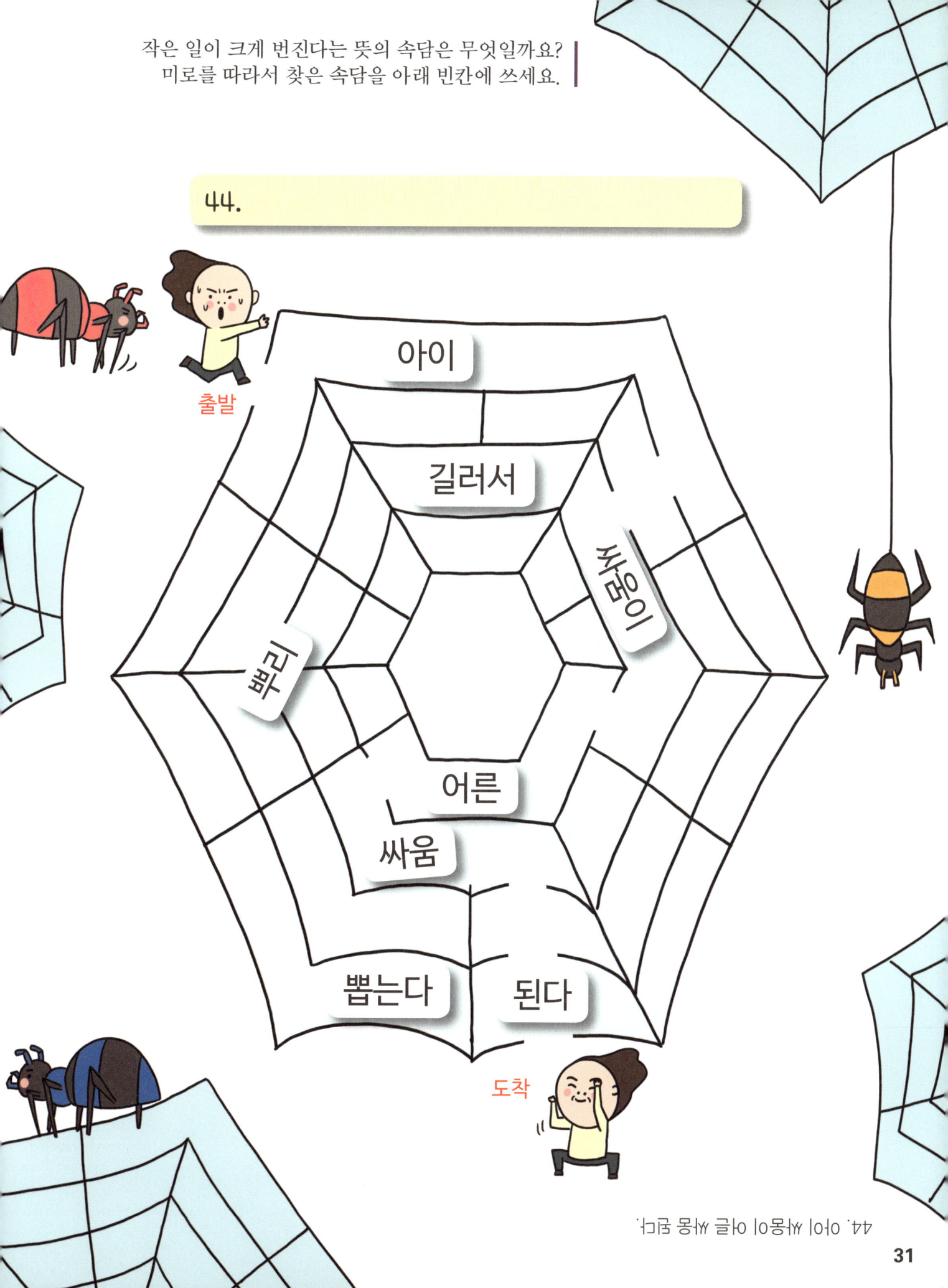

속담 파워업 1

비슷한 속담을 알아봅시다.

⭐ 본문 속 속담   ⭐ 비슷한 속담

⭐ 가재는 게 편이다.
⭐ 45. 솔개는 매 편
⭐ 46. 이리가 짖으니 개가 꼬리를 흔든다.

⭐ 고기는 안 잡히고 송사리만 잡힌다.
⭐ 47. 고래 그물에 새우가 걸린다.

⭐ 급하다고 갓 쓰고 똥 싸랴.
⭐ 48. 급하면 바늘허리에 실 매어 쓸까.

⭐ 누워서 떡 먹기
⭐ 49. 누운 소 타기

⭐ 다 된 죽에 코 빠뜨린다.
⭐ 50. 잘되는 밥 가마에 재를 넣는다.

⭐ 떡 줄 사람은 꿈도 안 꾸는데 김칫국부터 마신다.
⭐ 51. 떡방아 소리 듣고 김칫국 찾는다.
⭐ 52. 앞집 떡 치는 소리 듣고 김칫국부터 마신다.

⭐ 똥 묻은 개가 겨 묻은 개 나무란다.
🌟 53. 숯이 검정 나무란다.
🌟 54. 제 흉 열 가지 가진 놈이 남의 흉 한 가지를 본다.

⭐ 벼 이삭은 익을수록 고개를 숙인다.
🌟 55. 병에 찬 물은 저어도 소리가 나지 않는다.

⭐ 서당 개 삼 년에 풍월을 한다.
🌟 56. 독서당 개가 맹자 왈 한다.

⭐ 소 귀에 경 읽기
🌟 57. 쇠귀에 염불
🌟 58. 말 귀에 염불

⭐ 쉬 더운 방이 쉬 식는다.
🌟 59. 쉽게 단 쇠가 쉽게 식는다.

⭐ 작은 고추가 더 맵다.
🌟 60. 작은 탕관이 이내 뜨거워진다.
🌟 61. 후추는 작아도 맵다.

⭐ 호랑이도 제 말하면 온다.
🌟 62. 까마귀 제 소리 하면 온다.

⭐ 호박이 넝쿨째로 굴러떨어졌다.
🌟 63. 선반에서 떨어진 떡
🌟 64. 아닌 밤중에 찰시루떡

속담 파워업 2

다른 속담을 더 알아봅시다.

65. 가게 기둥에 입춘
보잘것없는 가게에 번듯한 '입춘대길'이란 글자를 써 붙이듯, 격에 안 맞게 너무 지나치다는 뜻.

66. 가난한 집 제사 돌아오듯
힘든 일이 자꾸 생긴다는 뜻.

67. 가난한 집 족보 자랑하기다.
가난한 양반이 자기 집 족보를 자랑하는 것처럼 형편이 안 되면서도 허세를 부린다는 뜻.

68. 가늘게 먹고 가는 똥 싸라.
너무 욕심부리지 말고 적당히 가지라는 뜻.

69. 가루는 칠수록 고와지고 말은 할수록 거칠어진다.
말을 많이 할수록 말다툼이 생기기 쉽다는 뜻.

70. 가마 타고 시집가기는 다 틀렸다.
일이 제대로 풀리지 않아 격식과 체면을 차리기 어렵게 됐다는 뜻.

71. 가마가 검기로 밥도 검을까
겉만 보고 속까지 경솔하게 판단하지 말라는 뜻.

72. 가뭄에 단비
가물 때 비가 오듯이 간절히 바라던 일이 이루어진다는 뜻.

73. 가시한테 찔려야 밤 맛을 안다.
고생해서 이루는 일이 그만큼 보람이 크다는 뜻.

74. 가을바람의 새털 날 듯
새털이 바람에 날리듯 사람이 줏대 없이 이리저리 흔들린다는 뜻.

75. 가을에 떨어지는 도토리는 먼저 먹는 것이 임자이다.
주인이 없는 물건은 먼저 차지하는 사람의 것이 된다는 뜻.

76. 갓 쓰고 박치기 해도 제멋
남이 보기에 이상해도 본인이 하고 싶은 대로 하게 놓아두라는 뜻.

77. 강아지 똥은 똥이 아닌가
나쁜 일을 조금만 했다고 잘못이 없다고 할 수는 없다는 뜻.

78. 개 보름 쇠듯
대보름날 개에게 하루 종일 먹이를 주지 않는 풍습이 있었는데,
이처럼 명절에도 제대로 못 먹고 지낸다는 뜻.

79. 개도 나갈 구멍을 보고 쫓는다.
남을 너무 호되게 몰아세우면 오히려 자신이 해를 입게 된다는 뜻.

80. 개도 닷새가 되면 주인을 안다.
개도 자신에게 잘해 주는 사람은 알아보는데,
은혜를 모르는 사람은 개만도 못하다는 뜻.

81. 겨울을 지내 보아야 봄 그리운 줄 안다.
시련을 겪어 보아야 자기 인생이 얼마나 소중한지를 알 수 있다는 뜻.

속담 숨은그림 찾기

속담과 관련된 그림들을 자세히 살펴본 뒤,
그림 속에 **숨은 그림**들을 찾아보세요.

정답은 166~167쪽에 있어요.

숨은 그림을 찾아보세요

88 콩으로 메주를 쑨다고 해도 믿지 않는다.
사실을 말해도 곧이곧대로 믿지 않는다는 뜻이에요.

89 호랑이에게 물려 가도 정신만 차리면 산다.
아무리 어려운 상황이라도 정신 차리면 헤쳐 나갈 수 있다는 말이에요.

90 까마귀 날자 배 떨어진다.
어떤 행동을 했는데, 마침 그때 다른 일도 함께 벌어져 그 일을 한 것으로 의심받는 상황을 뜻해요.

숨은그림

 메주  호랑이  배  용  나무  소

91
개천에서 용 난다.
안 좋은 환경에서 뛰어난 인물이 나왔을 때 하는 말이에요.

92
못 오를 나무는 쳐다보지도 마라.
자기 처지에 맞지 않는 걸 욕심내면 안 된다는 뜻이에요.

93
소도 언덕이 있어야 비빈다.
누구나 의지할 사람이 있어야 하고자 하는 일을 이룰 수 있다는 뜻이에요.

숨은 그림을 찾아보세요

94 개미는 작아도 탑을 쌓는다.
힘이 약하고 가진 것 없는 사람이라도 노력하고 정성을 들이면 무엇이든 할 수 있다는 뜻이에요.

95 나는 새도 떨어뜨린다.
권력이 아주 세서 무엇이든 마음대로 할 수 있다는 뜻이에요.

96 꿩 먹고 알 먹는다.
한 가지 일로 두 가지를 얻는다는 뜻이에요.

숨은 그림

 탑 새 꿩 눈썹 꽃 벼룩

97

가까운 제 눈썹 못 본다.
바로 눈앞에 있는 걸 오히려 잘 못 본다는 말이에요.

98

뛰어야 벼룩
아무리 도망쳐도 소용이 없을 때 쓰는 말이에요.

99

꽃이 고와야 나비가 모인다.
물건이 좋아야 손님들이 모여든다는 뜻이에요.

숨은 그림을 찾아보세요

106
가뭄에 콩 나듯 한다.
어떤 일이 아주 가끔 있다는 뜻이에요.

107
짝 잃은 기러기
남편이나 아내를 잃은 처지를 뜻해요.

108
집에서 새는 바가지는 들에 가도 샌다.
안 좋은 습관이 있는 사람은 어디 가서나 드러나게 돼 있다는 뜻이에요.

숨은그림

 바가지
 기러기
 콩
 잎
 뿔
 메뚜기

110 메뚜기도 유월이 한철이다.
제때를 만나서 활발하게 움직인다는 뜻이에요.

109 가랑잎이 솔잎더러 바스락거린다고 한다.
자기의 부족한 점은 생각하지 않고 남 탓만 한다는 뜻이에요.

111 나중 난 뿔이 우뚝하다.
후배가 선배보다 뛰어난 경우를 말해요.

숨은 그림을 찾아보세요

112 개 발에 편자
물건이나 옷이 잘 어울리지 않는다는 뜻이에요.

*편자 : 말발굽에 박는 쇠붙이

113 돌절구도 밑 빠질 날이 있다.
아주 튼튼한 것도 고장 날 때가 있다는 말이에요.

엘리베이터 문도 고장 날 수 있어.

114 송충이는 솔잎을 먹어야 산다.
자기 처지나 형편에 맞게 살아야 한다는 뜻이에요.

아빠가 읽는 어려운 책 말고 그림책 읽자.

숨은그림

편자  돌절구  송충이  신 가마  곰

115
가마 속의 콩도 삶아야 먹는다.
너무나 쉬운 일이라도 몸을 움직여 무언가를 해야만 이루어진다는 뜻이에요.

116
재주는 곰이 넘고 돈은 주인이 받는다.
막상 수고한 사람이 아니라 다른 사람이 보상을 받는다는 뜻이에요.

117
신 신고 발바닥 긁기
어떤 문제를 해결하려 애쓰는데 그 노력이 미치지 못해 안타까울 때 써요.

숨은 그림을 찾아보세요

124 곶감 꼬치에서 곶감 빼 먹듯
모아 둔 재산을 야금야금 써 버려서 재산이 없어지고 있다는 뜻이에요.

125 날개 없는 봉황
정작 중요한 것이 빠져서 쓸모없게 된 상황을 말해요.

126 숭어가 뛰니까 망둥이도 뛴다.
남이 하니까 무작정 따라 하는 걸 뜻해요.

숨은 그림  곶감  봉황  망둥이  감투  도끼

127
감투가 크면 어깨를 누른다.
자신의 능력보다 큰 일을 맡으면 제대로 하기 힘들다는 말이에요.

128
도끼로 제 발등 찍는다.
자기가 한 일 때문에 자기가 해를 입을 때 쓰는 말이에요.

숨은 그림을 찾아보세요

129

용의 꼬리보다 뱀의 머리가 낫다.
대단히 큰 모임에서 있으나 마나 한 사람이 되기보다는 작은 모임에서라도 꼭 필요한 사람이 되라는 뜻이에요.

130

도토리 키 재기
서로 비슷한 사람끼리 겨룬다는 말이에요.

131

계란으로 바위 치기
아무리 해도 이길 수 없는 상대에게 덤빈다는 뜻이에요.

숨은그림

뱀 · 도토리 · 계란 · 까마귀 · 생선 · 뱁새 · 짚신

132
고양이한테 생선을 맡긴다.
믿지 못할 사람에게 일을 맡기는 거예요.

133
뱁새가 황새 따라가면 다리가 찢어진다.
자기 분수에 맞지도 않게 남만 따라가면 오히려 해를 입는다는 뜻이에요.

따라 하다 망했어!

134
까마귀가 검다고 속조차 검을쏘냐.
외모가 험하다고 마음씨조차 나쁜 건 아니라는 뜻이에요.

135
짚신도 제짝이 있다.
잘났든 못났든 누구나 짝이 있다는 뜻이에요.

숨은 그림: 부채, 감, 독, 칼, 밥주걱, 콩

140 칼로 물 베기
싸우고 나서 금방 또 언제 싸웠냐는 듯 친해지는 사이를 말해요.

141 밑 빠진 독에 물 붓기
아무리 애를 써도 보람이 없다는 뜻이에요.

쉬어 가기

똑같은 모양끼리 모으면 속담을 찾을 수 있어요.
찾은 속담을 아래 빈칸의 뜻에 알맞게 써 넣으세요.

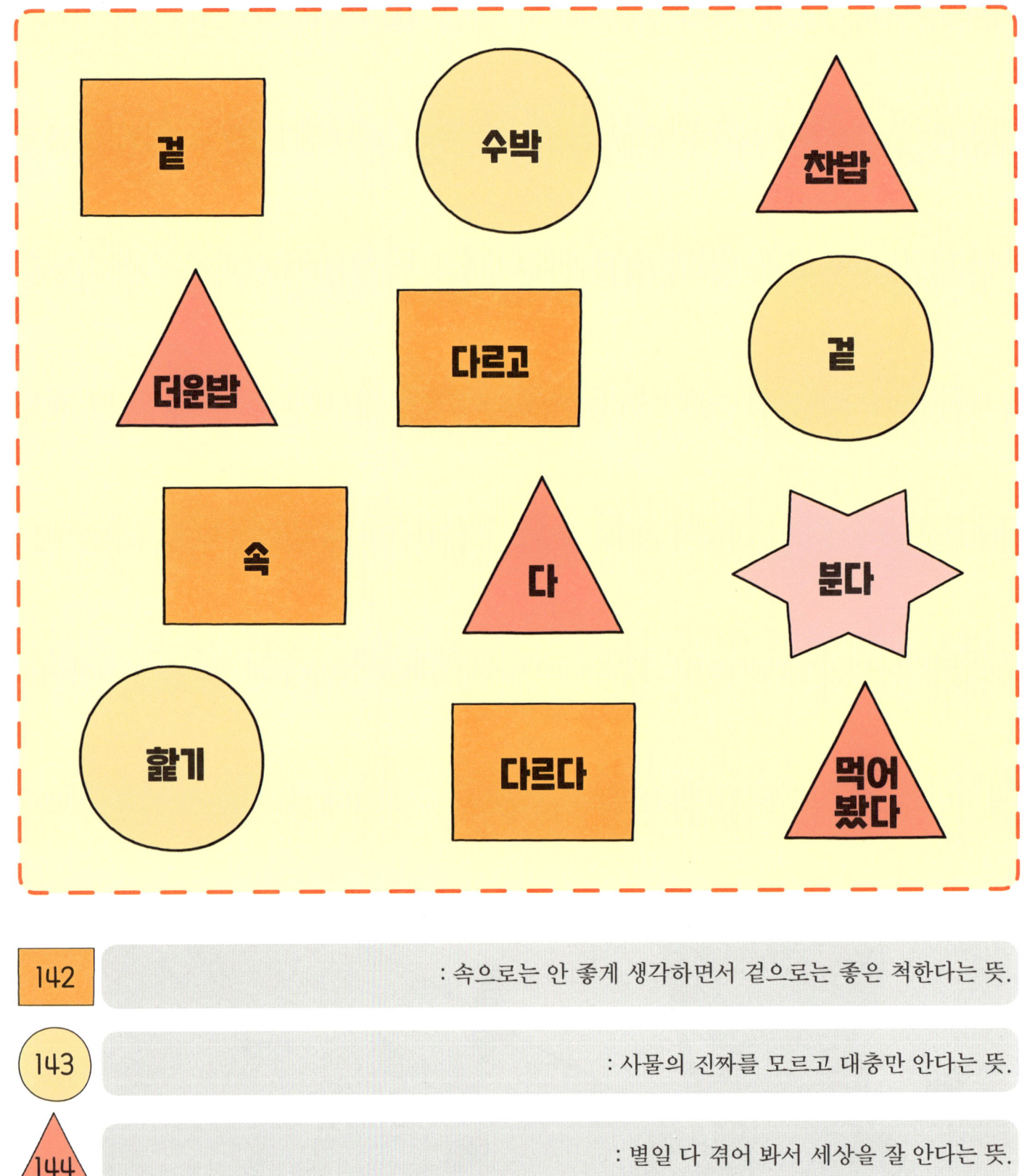

142 ▭ : 속으로는 안 좋게 생각하면서 겉으로는 좋은 척한다는 뜻.

143 ◯ : 사물의 진짜를 모르고 대충만 안다는 뜻.

144 △ : 별일 다 겪어 봐서 세상을 잘 안다는 뜻.

142. 겉 다르고 속 다르다. 143. 수박 겉 핥기. 144. 찬밥 더운밥 다 먹어 봤다.

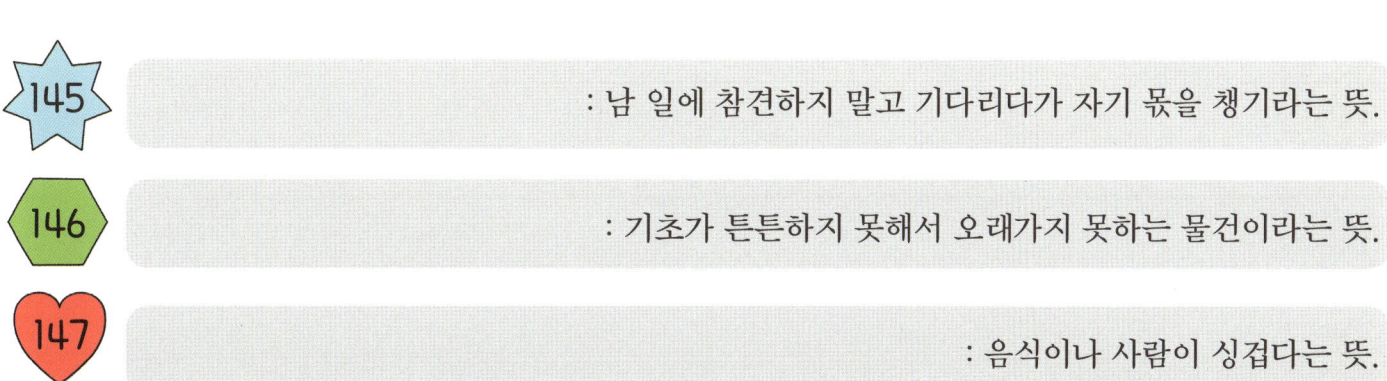

⭐ 145 ㅤㅤㅤㅤㅤㅤㅤㅤㅤㅤㅤㅤㅤ: 남 일에 참견하지 말고 기다리다가 자기 몫을 챙기라는 뜻.

⬡ 146 ㅤㅤㅤㅤㅤㅤㅤㅤㅤㅤㅤㅤㅤ: 기초가 튼튼하지 못해서 오래가지 못하는 물건이라는 뜻.

♥ 147 ㅤㅤㅤㅤㅤㅤㅤㅤㅤㅤㅤㅤㅤㅤㅤㅤㅤㅤㅤㅤㅤ: 음식이나 사람이 싱겁다는 뜻.

쉬어 가기

똑같은 모양끼리 모으면 속담을 찾을 수 있어요.
찾은 속담을 아래 빈칸의 뜻에 알맞게 써 넣으세요.

148 　　　　　　　　　　　　　　: 일을 열심히 하는데 아무 결과가 나지 않는다는 뜻.

149 　　　　　　　　　　　　　　: 기회를 만나야 일이 이루어진다는 뜻.

150 　　　　　　　　　　　　　　: 어떤 일이든 한 가지를 계속해야 성공할 수 있다는 뜻.

148. 마른 논에 물 대기 149. 바람이 불어야 배가 가지 150. 우물을 파도 한 우물만 파라.

151 : 어떤 일이든 항상 하던 사람이 잘한다는 뜻.

152 : 힘들여 하던 일이 잘못되어 손쓸 수 없다는 뜻.

153 : 약자끼리 싸워도 강자한테 아무 피해도 없다는 뜻.

151. 고기도 먹어 본 사람이 잘 먹는다. 152. 닭 쫓던 개 지붕 쳐다보듯.
153. 새우 싸움에 고래 등 터지랴.

속담 파워업 1

비슷한 속담을 알아봅시다.

⭐ 본문 속 속담   ⭐ 비슷한 속담

⭐ 가랑잎이 솔잎더러 바스락거린다고 한다.
⭐ 154. 겨울바람이 봄바람보고 춥다 한다.

⭐ 개 발에 편자
⭐ 155. 개 귀에 방울   ⭐ 156. 개 대가리에 관   ⭐ 157. 개 발에 버선

⭐ 개천에서 용 난다.
⭐ 158. 개똥밭에 인물 난다.   ⭐ 159. 누더기 속에서 영웅 난다.

⭐ 고양이한테 생선을 맡긴다.
⭐ 160. 고양이보고 반찬 가게 지키라는 격이다.
⭐ 161. 도둑고양이더러 제물 지켜 달라 한다.

⭐ 날개 없는 봉황
⭐ 162. 구슬 없는 용   ⭐ 163. 꽃 없는 나비
⭐ 164. 물 없는 기러기   ⭐ 165. 임자 없는 용마   ⭐ 166. 짝 잃은 원앙

⭐ 낫 놓고 기역자도 모른다.
⭐ 167. 기역자 왼 다리도 못 그린다.

⭐ 도토리 키 재기
⭐ 168. 난쟁이끼리 키 자랑하기

⭐ 독 안에 든 쥐
⭐ 169. 푸줏간에 든 소

⭐ 뛰어야 벼룩
⭐ 170. 뛰어 보았자 부처님 손바닥

⭐ 못 먹는 감 찔러나 본다.
🌟 171. 못 먹는 밥에 재 집어넣기 🌟 172. 못 먹는 호박 찔러 보는 심사

⭐ 바늘 가는 데 실 간다.
🌟 173. 구름 갈 제 비가 간다.
🌟 174. 바늘 가는 데 실 가고 바람 가는 데 구름 간다.

⭐ 빈 수레가 요란하다.　　　　　⭐ 소도 언덕이 있어야 비빈다.
🌟 175. 빈 깡통이 소리는 더 난다.　🌟 176. 도깨비도 수풀이 있어야 모인다.

⭐ 송충이는 솔잎을 먹어야 산다.
🌟 177. 송충이가 갈잎을 먹으면 떨어진다.

⭐ 숭어가 뛰니까 망둥이도 뛴다.
🌟 178. 망둥이가 뛰니까 꼴뚜기도 뛴다.

⭐ 신 신고 발바닥 긁기
🌟 179. 구두 신고 발등 긁기 🌟 180. 버선 신고 발바닥 긁기
🌟 181. 옷 입고 가려운 데 긁는다.

⭐ 짚신도 제짝이 있다.
🌟 182. 헌 고리도 짝이 있다.

⭐ 호랑이에게 물려 가도 정신만 차리면 산다.
🌟 183. 범에게 열두 번 물려 가도 정신을 놓지 말라.

⭐ 콩 심은 데 콩 나고 팥 심은 데 팥 난다.
🌟 184. 가시나무에 가시가 난다.
🌟 185. 대 뿌리에서 대가 난다.
🌟 186. 배나무에 배 열리지 감 안 열린다.
🌟 187. 오이씨에서 오이 나오고 콩에서 콩 나온다.

가로

세로

속담 퍼즐

그림을 보며 빈칸을 채워 보세요.
정답을 가로 혹은 세로 칸을 따라 쓰세요.

가로세로 속담 퍼즐

가로 188

옷이 □□ 다.

좋은 옷을 입으면 사람이 멋져 보인다는 말이에요.

세로 189

빛 좋은 □□□

겉으로 보기에는 그럴듯하지만 실제로는 별 볼 일 없다는 뜻이에요.

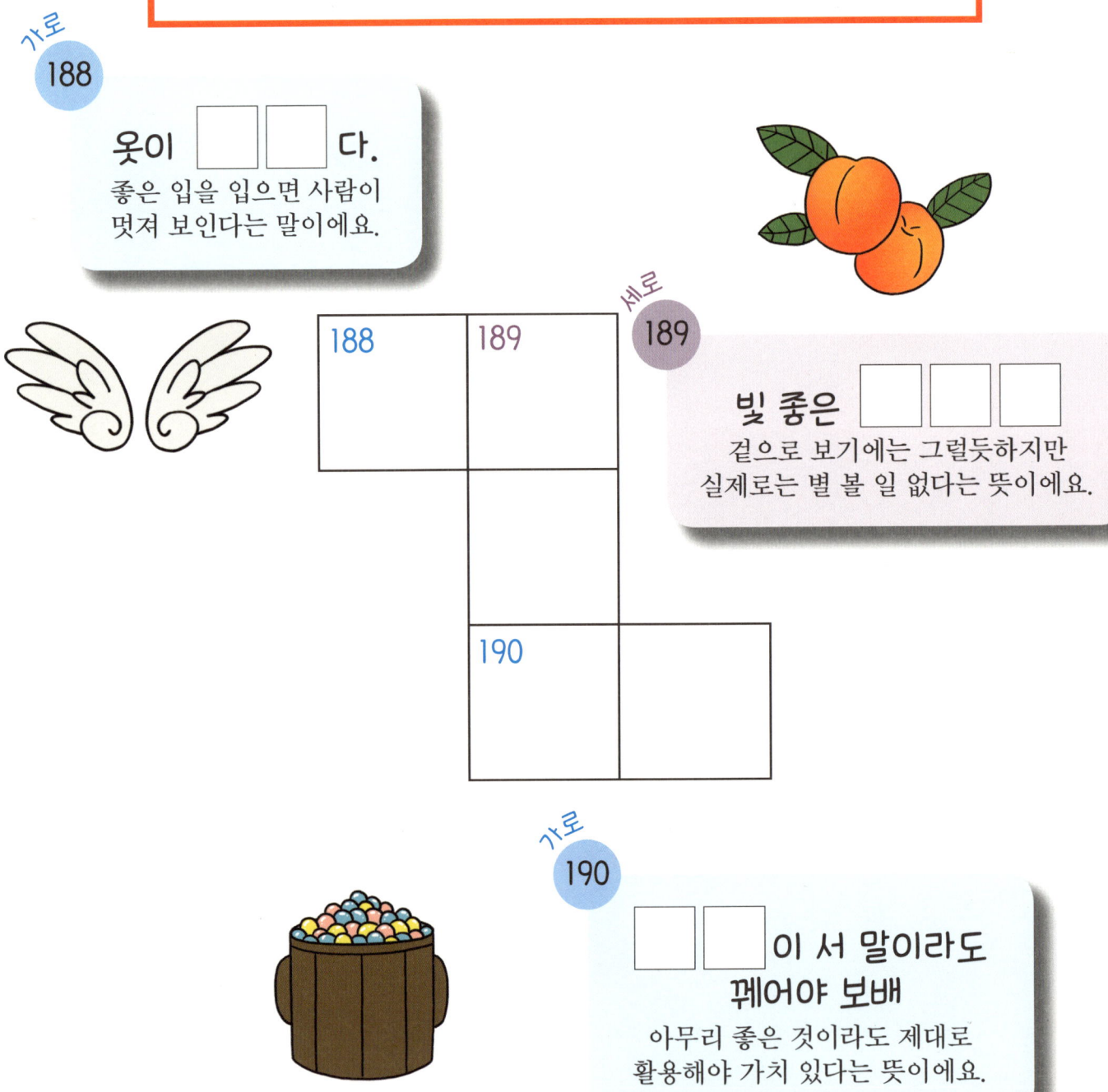

가로 190

□□이 서 말이라도 꿰어야 보배

아무리 좋은 것이라도 제대로 활용해야 가치 있다는 뜻이에요.

속담 속 우리말 쏙쏙

* 개살구 : 개살구나무 열매로 맛이 시고 떫어요. 살구보다 작아요.
* 말 : 곡식이나 액체, 가루 등의 양을 재는 그릇이에요. 단위로도 쓰여요.

가로
191

뒤로 ☐☐☐ 깐다.
겉으로는 얌전한 척하지만 남 모르게
엉큼한 짓을 한다는 말이에요.

세로
192

☐☐☐ 굴에 들어가야
호랑이 새끼를 잡는다.
자기 뜻을 이루려면 행동을
해야 한다는 뜻이에요.

가로
193

☐☐☐ 목에 방울 달기
실제로 하기 힘든 일을 한다며
공연히 의논만 할 때 쓰는 말이에요.

188. 눈썰매 189. 개냇굴 190. 두근 191. 호박씨 192. 호랑이 193. 고양이

가로세로 속담 퍼즐

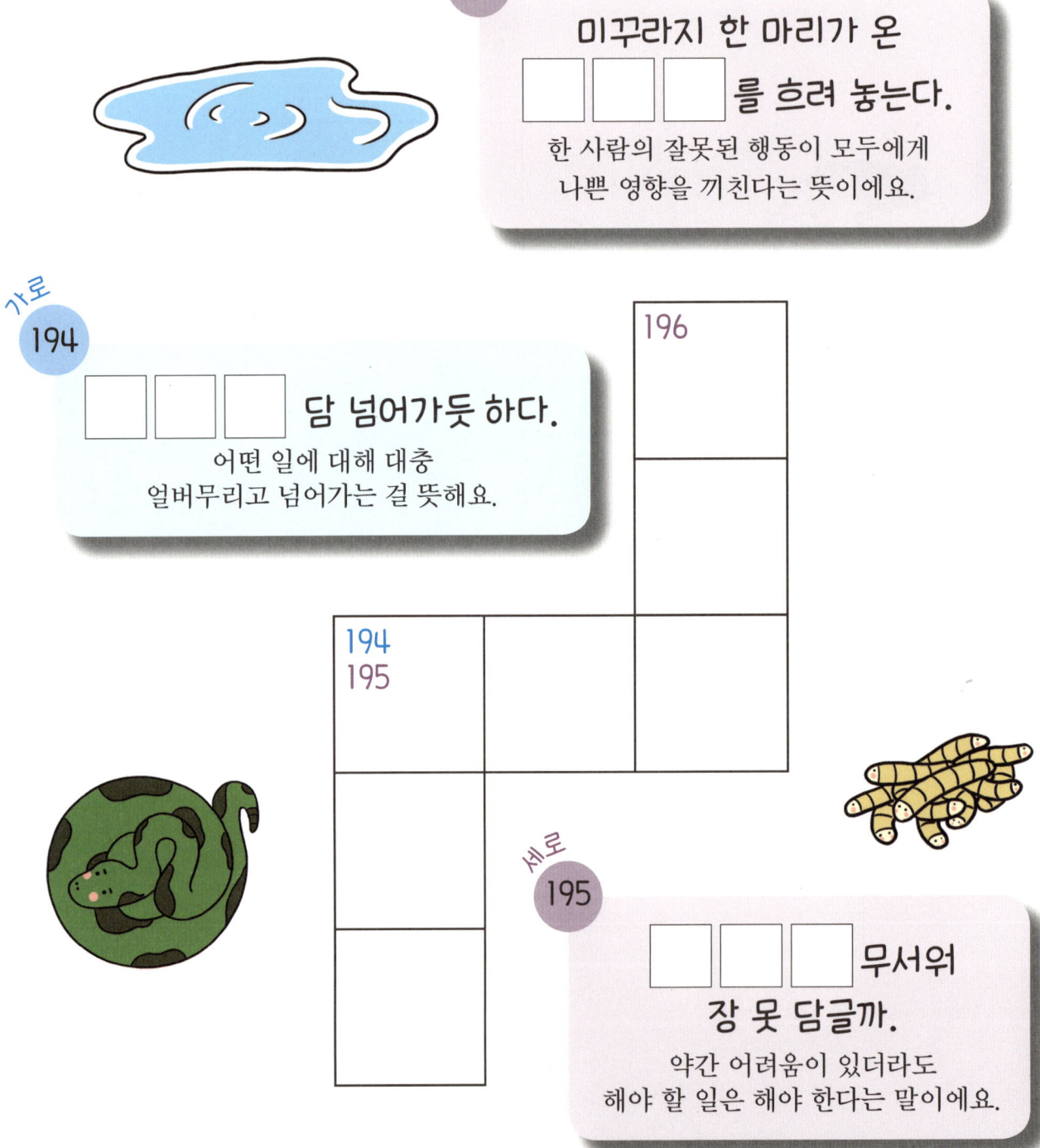

세로 196
미꾸라지 한 마리가 온 ☐☐☐를 흐려 놓는다.
한 사람의 잘못된 행동이 모두에게 나쁜 영향을 끼친다는 뜻이에요.

가로 194
☐☐☐ 담 넘어가듯 하다.
어떤 일에 대해 대충 얼버무리고 넘어가는 걸 뜻해요.

세로 195
☐☐☐ 무서워 장 못 담글까.
약간 어려움이 있더라도 해야 할 일은 해야 한다는 말이에요.

속담 속 우리말 쏙쏙

* 구더기 : 파리의 애벌레예요. 된장 독 뚜껑이 열려 있으면 파리가 알을 낳아 놓고 가서 구더기가 생기기 쉬워요.
* 구렁이 : 뱀의 한 종류예요.

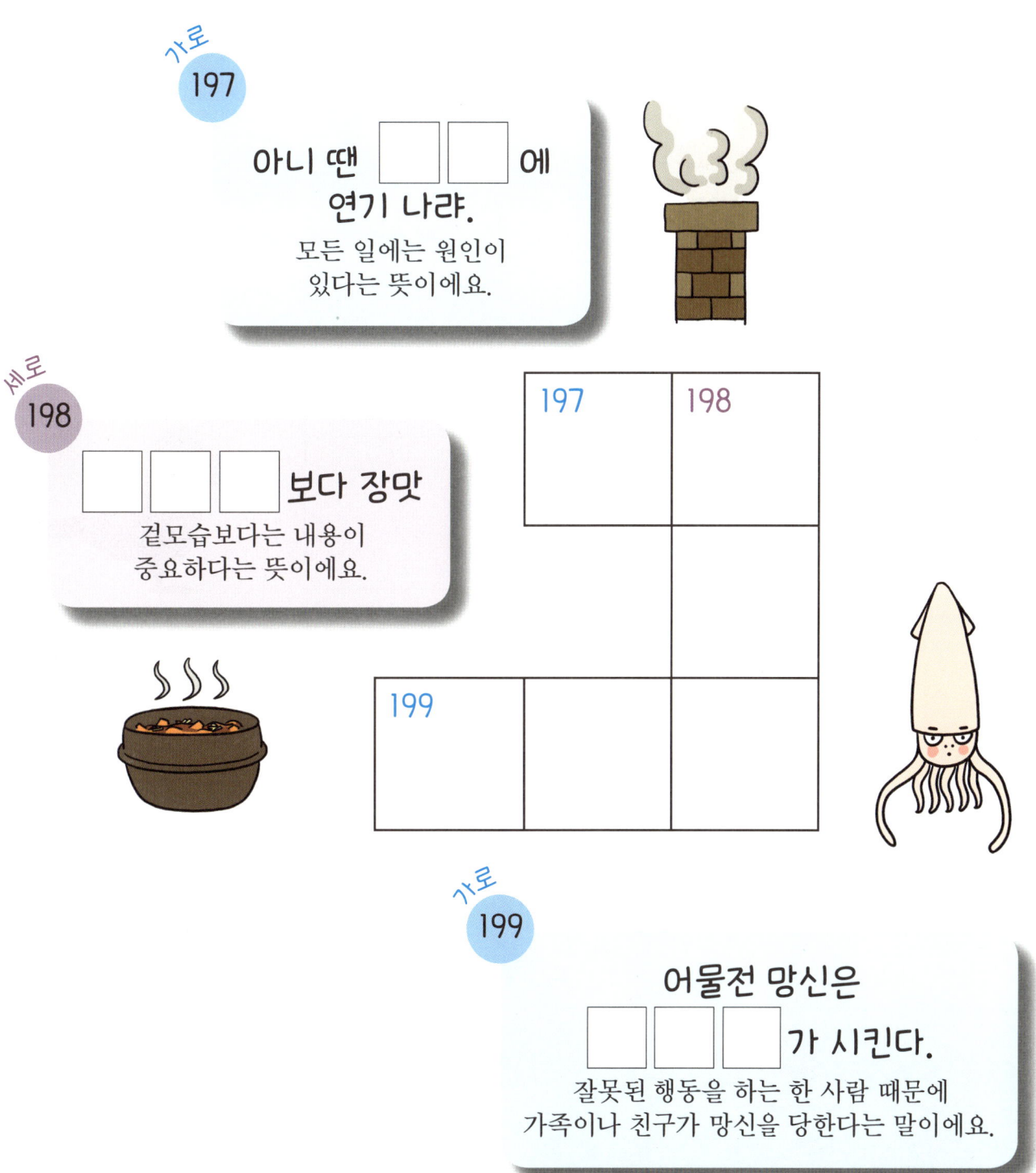

가로 197
아니 땐 ☐☐에 연기 나랴.
모든 일에는 원인이 있다는 뜻이에요.

세로 198
☐☐☐보다 장맛
겉모습보다는 내용이 중요하다는 뜻이에요.

가로 199
어물전 망신은 ☐☐☐가 시킨다.
잘못된 행동을 하는 한 사람 때문에 가족이나 친구가 망신을 당한다는 말이에요.

194. 구렁이 195. 구더기 196. 용심이 197. 굴뚝 198. 뚝배기 199. 꼴뚜기

가로세로 속담 퍼즐

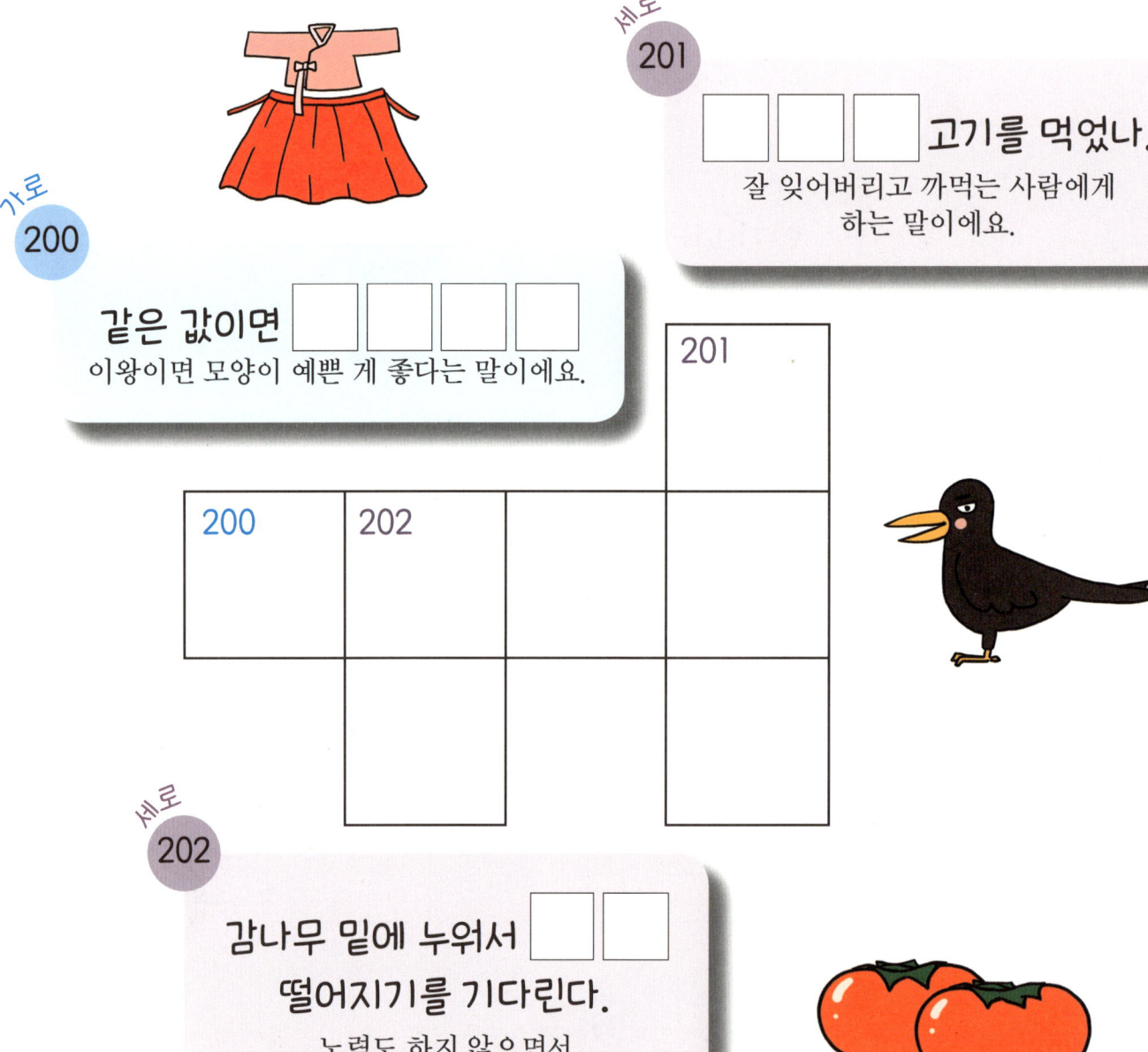

세로 201
☐☐☐ 고기를 먹었나.
잘 잊어버리고 까먹는 사람에게 하는 말이에요.

가로 200
같은 값이면 ☐☐☐☐
이왕이면 모양이 예쁜 게 좋다는 말이에요.

세로 202
감나무 밑에 누워서 ☐☐ 떨어지기를 기다린다.
노력도 하지 않으면서 행운만 기다리고 있다는 뜻이에요.

속담 속 우리말 쏙쏙

* 홍시 : 말랑말랑하게 잘 익은 감을 말해요.

가로 203

소 잃고 ☐☐☐ 고치기

일이 잘못된 뒤에는 되돌리기 힘들다는 뜻이에요.

가로 205

☐☐ 많은 나무에 바람 잘 날 없다.

자식이 많으면 걱정거리도 많다는 말이에요.

세로 204

빈대 잡으려고 ☐☐☐☐ 태운다.

작은 문제를 해결하려 무턱대고 나서다 큰 손해를 보는 일을 말해요.

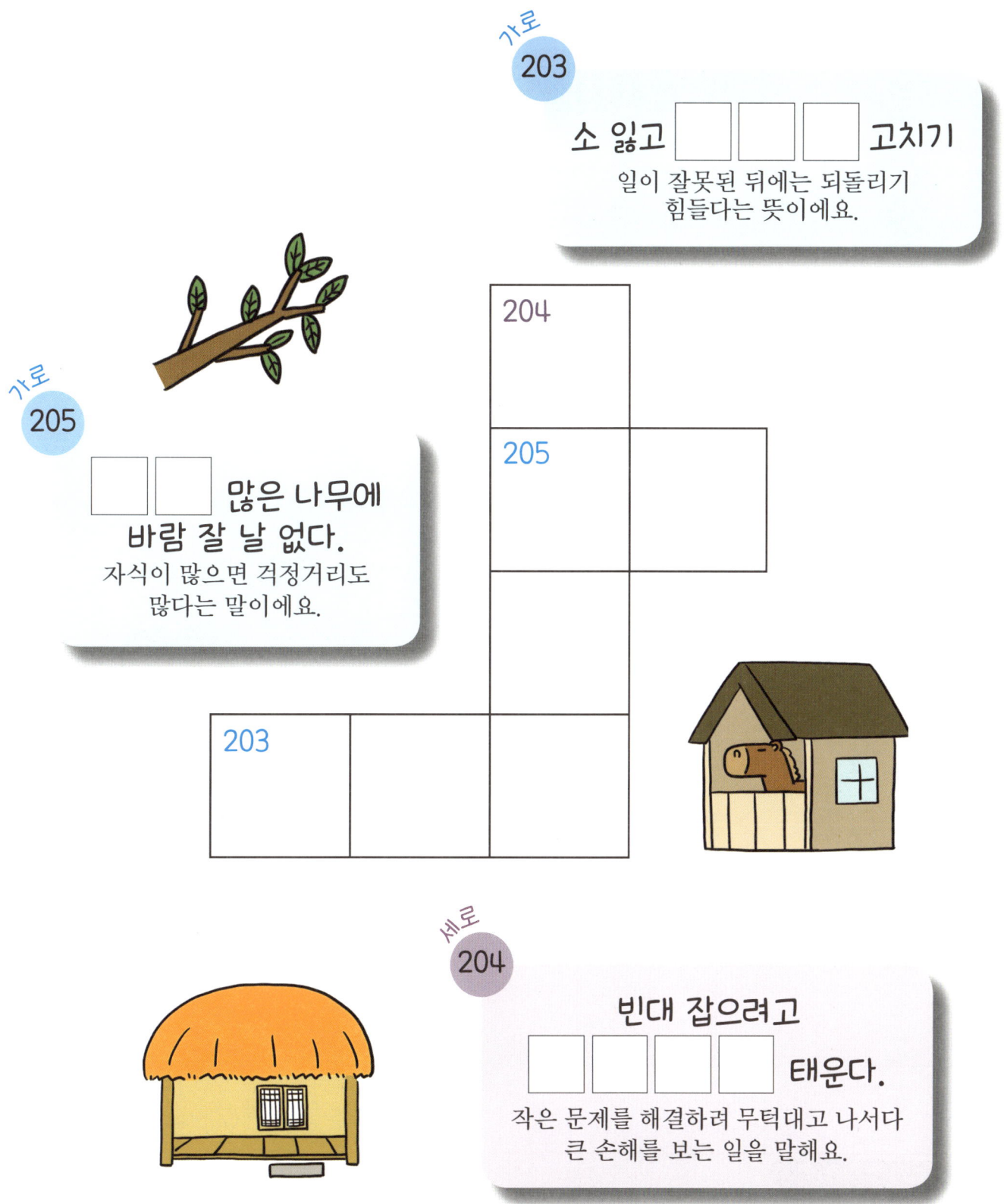

가로세로 속담 퍼즐

가로 206

☐☐☐ 의 소금도 집어넣어야 짜다.

아무리 쉬운 일도 힘을 들여야 좋은 결과가 난다는 말이에요.

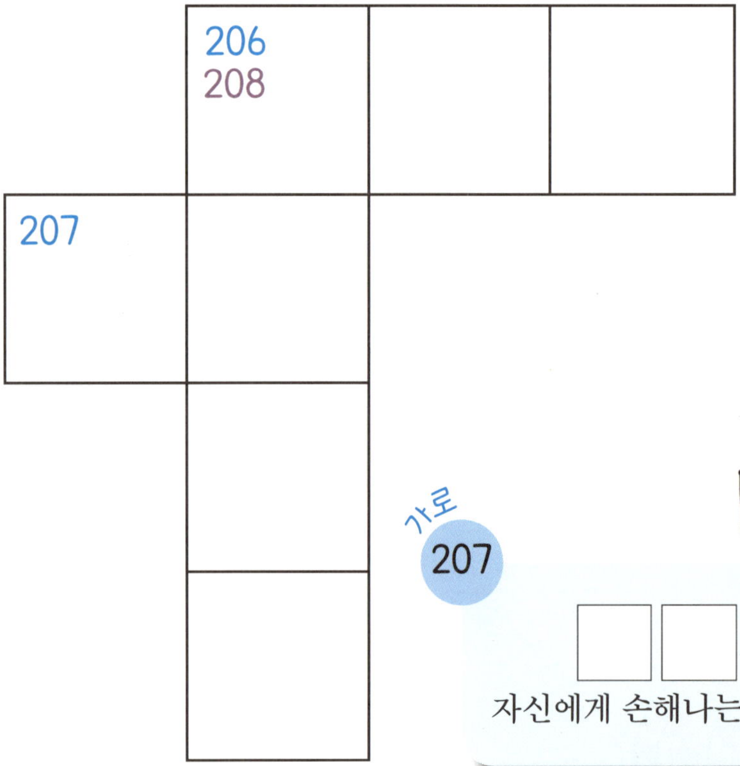

가로 207

☐☐ 제 쪽박 깨기

자신에게 손해나는 일을 한다는 뜻이에요.

세로 208

가을에는 ☐☐☐☐ 도 덤빈다.

가을철에는 모든 사람이 나서서 도와야 할 만큼 할 일이 많다는 뜻이에요.

속담 속 우리말 쏙쏙

* 가랑비 : 가늘게 내리는 비예요.
* 떡잎 : 씨앗이 트고 나서 제일 먼저 나는 잎이에요.
* 비지떡 : 비지(두부를 만들고 난 찌꺼기)에 밀가루 등을 넣어 둥글고 넓적하게 부친 떡이에요.

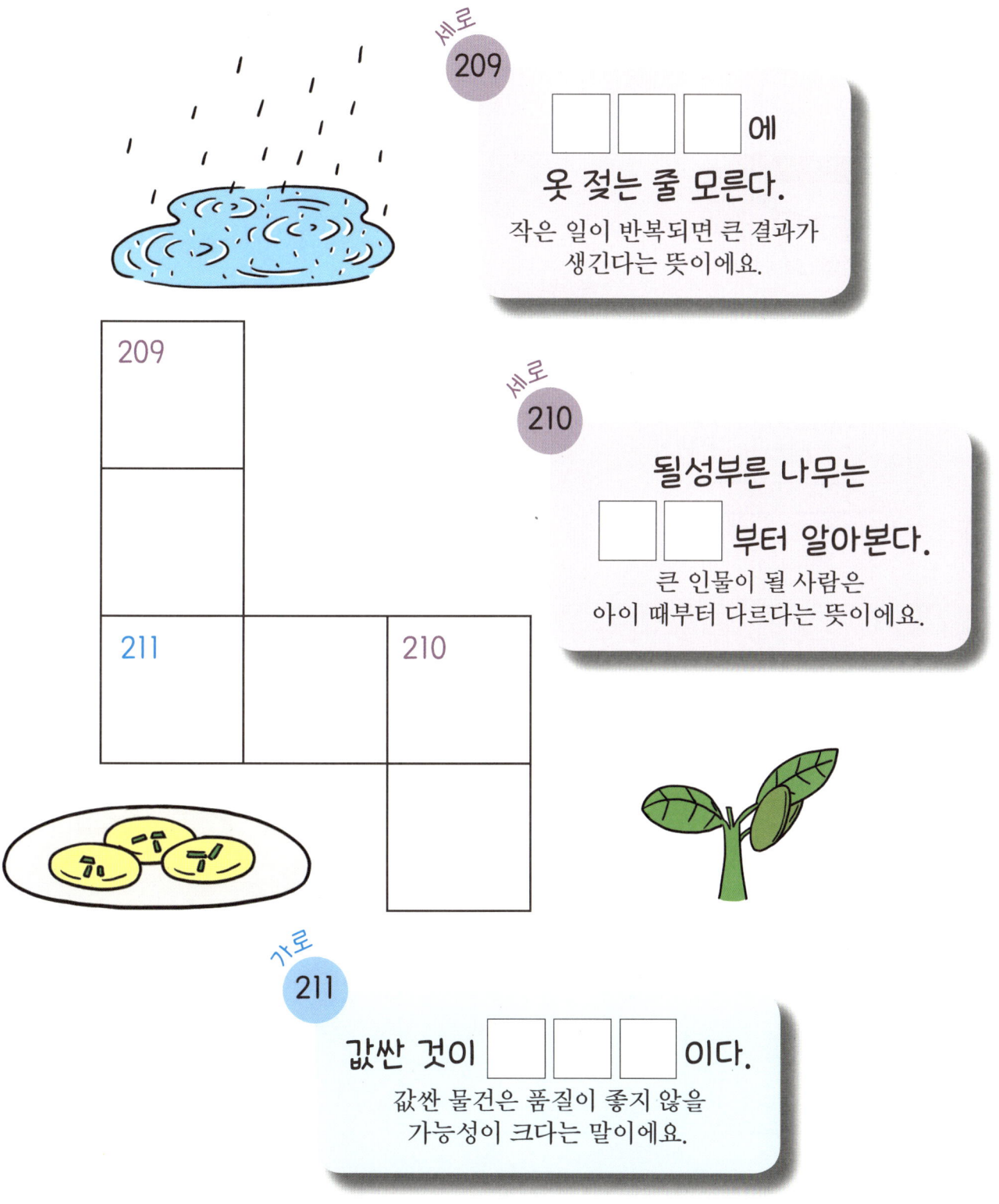

세로 209

☐☐☐에 옷 젖는 줄 모른다.
작은 일이 반복되면 큰 결과가 생긴다는 뜻이에요.

세로 210

될성부른 나무는 ☐☐부터 알아본다.
큰 인물이 될 사람은 아이 때부터 다르다는 뜻이에요.

가로 211

값싼 것이 ☐☐☐이다.
값싼 물건은 품질이 좋지 않을 가능성이 크다는 말이에요.

206. 부슬비 207. 가지 208. 무지개같이 209. 가랑비 210. 떡잎 211. 비지떡

가로세로 속담 퍼즐

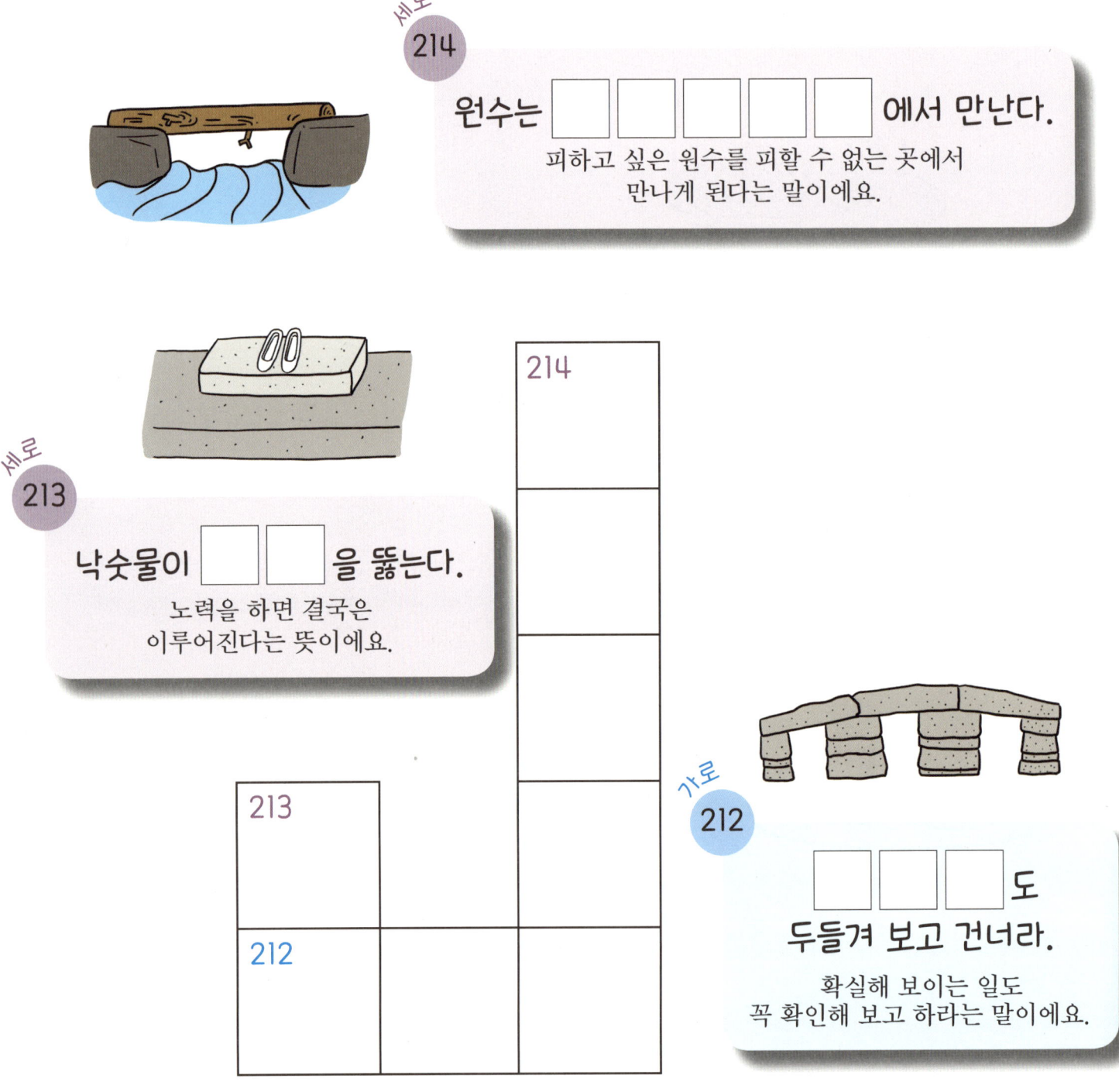

세로 214
원수는 □□□□□에서 만난다.
피하고 싶은 원수를 피할 수 없는 곳에서 만나게 된다는 말이에요.

세로 213
낙숫물이 □□을 뚫는다.
노력을 하면 결국은 이루어진다는 뜻이에요.

가로 212
□□□도 두들겨 보고 건너라.
확실해 보이는 일도 꼭 확인해 보고 하라는 말이에요.

속담 속 우리말 쏙쏙

*낙숫물 : 지붕의 처마 끝에서 떨어지는 물을 말해요.
*댓돌 : 낙숫물이 떨어지는 곳 안쪽에 놓은 돌이에요.

세로 215

남의 ☐☐☐에
감 놓아라 배 놓아라 한다.
남의 일에 지나치게 참견한다는 말이에요.

세로 216

☐☐이 제 발 저리다.
잘못한 사람이 스스로
주눅 든다는 말이에요.

가로 217

말은 나면 ☐☐☐로
보내고 사람은 나면 서울로 보내라.
누구든 환경이 좋아야 제 능력을
발휘할 수 있다는 뜻이에요.

212. 똥다리 213. 댓돌 214. 외나무다리 215. 제삿상 216. 도둑 217. 제주도

둘이서 하는 속담 놀이

답을 말해 보세요

두 사람이 왼쪽 페이지와 오른쪽 페이지를
각각 맡아 함께 문제를 풀어 보세요.

함께 찾기

왼쪽 사람이 먼저 속담의 뜻을 말하면 오른쪽 사람이 그 뜻에 알맞은 속담을 찾아보세요.

1. 젊었을 때 고생하는 만큼 미래에 얻을 게 많다는 뜻의 속담은?

2. 작은 잘못을 자꾸 하다 보면 큰 잘못을 저지르게 된다는 뜻의 속담은?

3. 어려운 일을 겪고 나면 더욱 강해진다는 뜻의 속담은?

4. 내가 남에게 잘해 주어야 남도 나에게 잘해 준다는 뜻의 속담은?

5. 상대에게 반해서 그 사람의 단점을 전혀 깨닫지 못한다는 뜻의 속담은?

1. 222 2. 220 3. 221 4. 218 5. 219

답을 말해 보세요

218 가는 정이 있어야 오는 정이 있다.

219 눈에 콩깍지가 씌었다.

220 바늘 도둑이 소 도둑 된다.

221 비 온 뒤에 땅이 굳어진다.

222 젊어서 고생은 사서도 한다.

함께 찾기

오른쪽 사람이 먼저 속담의 뜻을 말하면
왼쪽 사람이 그 뜻에 알맞은 속담을 찾아보세요.

답을 말해 보세요

223 긁어 부스럼 만든다.

224 고인 물이 썩는다.

225 보기 좋은 떡이 먹기도 좋다.

226 아는 길도 물어서 가라.

227 천 리 길도 한 걸음부터

문제를 내 보세요

1 내용도 중요하지만 겉모습도 중요하다는 속담은?

2 별일 아닌 일을 괜히 건드려서 문제를 만든다는 뜻의 속담은?

3 잘 안다고 생각하는 일도 꼼꼼히 살피며 하라는 뜻의 속담은?

4 배우지 않고 제자리만 지키려 하면 뒤처지게 된다는 뜻의 속담은?

5 아무리 어려운 목표라도 처음부터 차근차근 시작하면 된다는 뜻의 속담은?

1. 225 2. 223 3. 226 4. 224 5. 227

겨루기

빈칸에 알맞은 낱말을 찾아서 쓰고 숨은 그림을 찾아보세요.
왼쪽 페이지는 왼쪽 사람, 오른쪽 페이지는 오른쪽 사람이 맡아 하세요.

228. ☐ 잡아먹고 오리발 내민다.
잘못해 놓고 시치미를 뗀다는 뜻이에요.

229. 놓친 ☐☐ 가 더 커 보인다
가진 것보다 못 가진 걸 더 아쉬워한다는 뜻이에요.

숨은 그림

230. ☐☐☐ 쥐 생각한다.

해칠 생각을 하면서 겉으로는 잘해 주는 척한다는 뜻이에요.

231. 무쇠도 갈면 ☐☐ 된다.

꾸준히 노력하면 목표를 이룰 수 있다는 뜻이에요.

겨루기

빈칸에 알맞은 낱말을 찾아서 쓰고 숨은 그림을 찾아보세요.
왼쪽 페이지는 왼쪽 사람, 오른쪽 페이지는 오른쪽 사람이 맡아 하세요.

232. 개밥에 ☐☐☐

무리에 끼지 못하고 따돌림당하는 처지를 말해요.

233. 믿는 ☐☐ **에 발등 찍힌다.**

믿는 사람에게 배신당한 경우를 말해요.

숨은 그림

234. ☐☐☐ 쳇바퀴 돌듯 한다.
매일 똑같은 일을 반복한다는 뜻이에요.

235. ☐ 발의 피
아주 작고 하찮다는 뜻이에요.

겨루기

각 속담에 알맞은 뜻을 찾아 같은 색으로 칠해 보세요.
왼쪽 페이지는 왼쪽 사람, 오른쪽 페이지는 오른쪽 사람이 맡아 하세요.

236. 귀신이 곡할 노릇

① 너무 서두르면 일을 그르치게 된다는 뜻.

237. 급히 먹는 밥이 목이 멘다.

② 어떤 사람이 매우 잘났다 해도 그보다 잘난 사람이 있다는 뜻.

238. 냉수 먹고 이 쑤시기

③ 아무리 생각해도 알 수 없다는 뜻.

239. 뛰는 놈 위에 나는 놈 있다.

④ 실속은 없으면서 남들 앞에서 뭔가 있는 척한다는 뜻.

240. 손 안 대고 코 풀기

⑤ 힘든 일을 별 수고 없이 해치운다는 뜻.

241. 그 아버지에 그 아들

① 어떤 상황이 누구에게나 좋다는 뜻.

242. 누워서 침 뱉기

② 말하던 일이 정말 일어났다는 뜻.

243. 누이 좋고 매부 좋다.

③ 아들이 아버지를 닮았다는 뜻.

244. 말이 씨가 된다.

④ 거리낌 없이 할 수 있는 쉬운 일이라는 뜻.

245. 식은 죽 먹기

⑤ 남을 해치려다 자신이 오히려 해를 입는다는 뜻.

정답은 168쪽에 있어요.

겨루기

각 속담의 알맞은 뜻을 찾아 같은 색으로 칠해 보세요.
왼쪽 페이지는 왼쪽 사람, 오른쪽 페이지는 오른쪽 사람이 맡아 하세요.

246. 간에 붙었다 쓸개에 붙었다 한다.

① 폭넓게 알지 못하고 자기가 아는 것이 다인 줄 안다는 뜻.

247. 늦게 배운 도둑이 날 새는 줄 모른다.

② 자기 이익에 따라 이편이 되었다 저편이 되었다 한다는 뜻.

248. 무소식이 희소식이다.

③ 해를 끼쳐 놓고 위하는 척한다는 뜻.

249. 병 주고 약 준다.

④ 어떤 일에 뒤늦게 재미를 느낀 사람이 더 열중한다는 뜻.

250. 하나만 알고 둘은 모른다.

⑤ 상대에게 아무 소식이 안 오면 나쁜 일이 없다는 의미이니 좋다는 뜻.

251. 개 버릇 남 주나.

① 아무리 못난 사람이라도 재주 한 가지는 꼭 있다는 뜻.

252. 굼벵이도 구르는 재주가 있다.

② 일이 잘 안 풀릴 때는 안 좋은 일이 또 생기기 쉽다는 뜻.

253. 뒤로 넘어져도 코가 깨진다.

③ 한번 잘못 든 버릇은 고치기 힘들다는 뜻.

254. 백 번 듣는 것이 한 번 보는 것만 못하다.

④ 자신이 잘못했다는 것을 알기 때문에 변명조차 할 수 없다는 뜻.

255. 입이 열 개라도 할 말이 없다.

⑤ 듣기만 하기보다 직접 보아야 알기 쉽다는 뜻.

함께 찾기
각 속담에 알맞은 그림을 찾아보세요.

256 몸에 좋은 약이 입에는 쓰다.
자신에게 이로운 충고는 듣기가 괴롭다는 뜻이에요.

257 개가 웃을 일이다.
너무 어이없고 눈꼴사납다는 뜻이에요.

258 아는 게 병이다.
정확하지 않은 지식 때문에 오히려 걱정이 생긴다는 뜻이에요.

함께 찾기

각 속담에 알맞은 그림을 찾아 줄로 이어 보세요.

268 가면 갈수록 첩첩산중이다.
일이 잘 풀리지 않고 점점 힘들어지며 끝나지 않는다는 뜻이에요.

269 목구멍이 포도청이다.
배가 고프면 무슨 일이라도 하게 될 정도로 배고픈 건 무서운 일이라는 뜻이에요.

270 손톱 밑의 가시
엄청난 일은 아닌데 무언가 거슬리는 게 있다는 뜻이에요.

271 간이라도 빼어 먹이겠다.
워낙 친한 사이라서 자신의 소중한 것까지도 내줄 것 같다는 뜻이에요.

272 눈 가리고 아웅
속이 뻔히 보이는 속임수로 남을 속이려 한다는 뜻이에요.

273 엎드려 절 받기
자신에게 예의 있게 대할 마음이 없는 상대에게 억지로 요구해 대접을 받는다는 뜻이에요.

함께 찾기

각 속담에 알맞은 그림을 찾아 줄로 이어 보세요.

274 겨울이 지나지 않고 봄이 오랴.
성공을 하려면 힘든 시련을 겪어 내야 한다는 뜻이에요.

275 제 논에 물 대기
자기한테만 이롭게 하려고 일한다는 뜻이에요.

276 황소 뒷걸음질치다가 쥐 잡는다.
어떤 일이 우연히 이루어졌다는 뜻이에요.

277 개 팔자가 상팔자
개가 부러울 정도로 힘들게 일하고 있다는 뜻이에요..

278 누울 자리 봐 가며 발을 뻗어라.
상황과 장소를 가려서 그에 맞게 행동하라는 뜻이에요.

279 미운 아이 떡 하나 더 준다.
미운 아이에게 더 잘해 주어야 미움 대신 정이 생긴다는 뜻이에요.

274.② 275.③ 276.① 277.⑥ 278.⑤ 279.④

쉬어 가기

잘하건 못하건 이기고 지는 것은 직접 해 보아야 알 수 있다는 뜻의 속담은 무엇일까요? 미로를 따라서 찾은 속담을 아래 빈칸에 쓰세요.

280.

280. 길고 짧은 것은 대 보아야 안다.

불필요한 행동을 해서 하지 않아도 될 힘든 일을 하게 되었다는 뜻의 속담은 무엇일까요?
미로를 따라서 찾은 속담을 아래 빈칸에 쓰세요.

281.

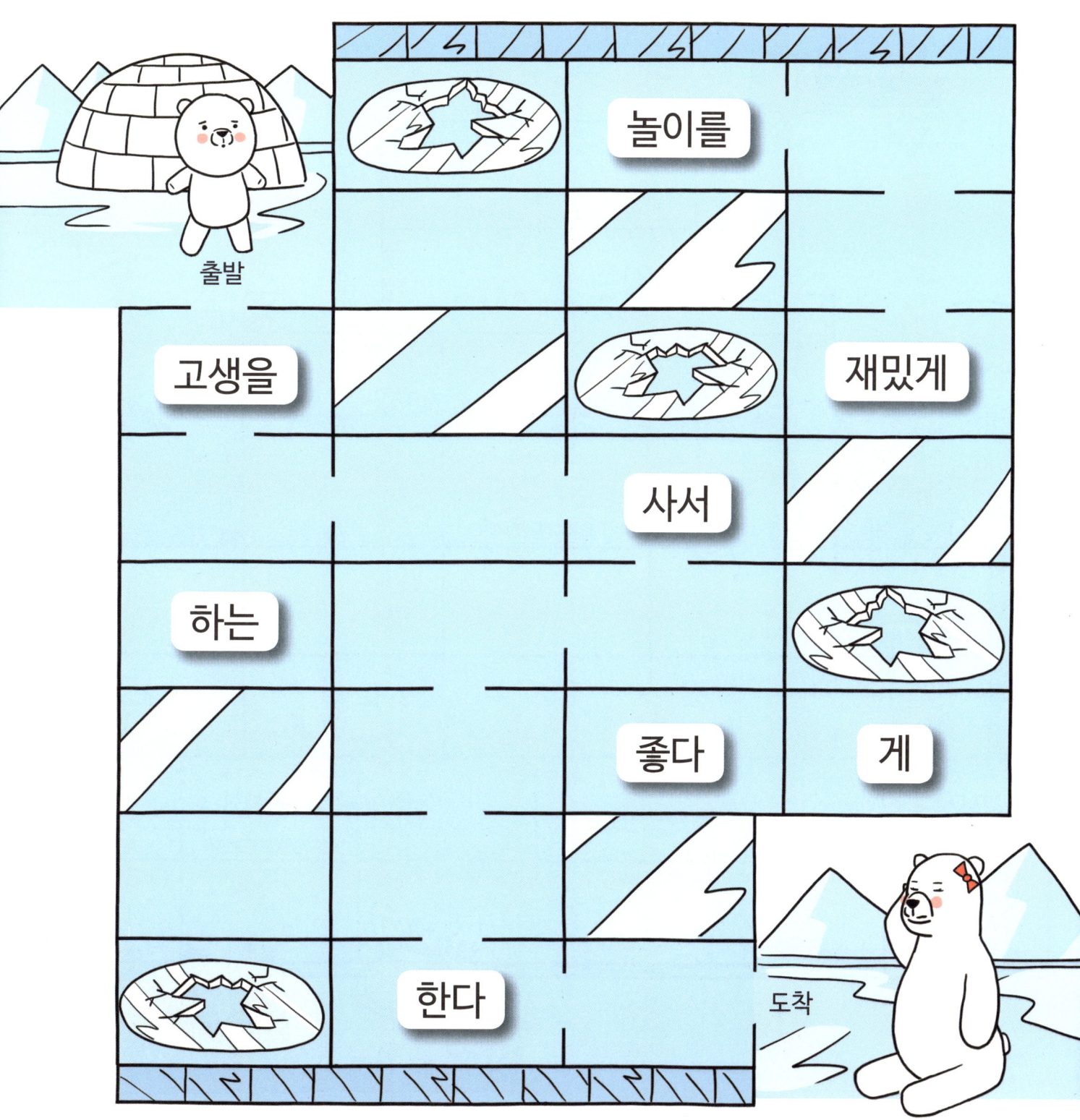

쉬어 가기

힘센 사람이 없으면 허약한 사람의 세력이 세진다는 뜻의 속담은 무엇일까요? 미로를 따라서 찾은 속담을 아래 빈칸에 쓰세요.

282.

282. 호랑이 없는 골에 토끼가 왕 노릇 한다.

사람의 속마음은 알기 힘들다는 뜻의 속담은 무엇일까요?
미로를 따라서 찾은 속담을 아래 빈칸에 쓰세요.

283.

283. 열 길 물속은 알아도 한 길 사람의 속은 모른다.

속담 파워업 1

비슷한 속담을 알아봅시다.

★ 본문 속 속담   ★ 비슷한 속담

★ 개똥밭에 굴러도 이승이 좋다.
★ 284. 땡감을 따 먹어도 이승이 좋다.

★ 걷기도 전에 뛰려고 한다.
★ 285. 기기도 전에 날기부터 한다.
★ 286. 털도 아니 난 것이 날기부터 하려 한다.

★ 고생 끝에 낙이 온다.
★ 287. 태산을 넘으면 평지를 본다.

★ 굼벵이도 구르는 재주가 있다.
★ 288. 굼벵이도 꾸부리는 재주가 있다.
★ 289. 우렁이도 두렁 넘을 꾀가 있다.

★ 눈 가리고 아웅
★ 290. 가랑잎으로 눈 가리고 아웅 한다.
★ 291. 머리카락 뒤에서 숨바꼭질한다.

★ 믿는 도끼에 발등 찍힌다.
★ 292. 낯익은 도끼에 발등 찍힌다.   ★ 293. 믿었던 돌에 발부리 채었다.

★ 방귀 뀐 놈이 성낸다.
★ 294. 똥 싸고 성낸다.

★ 엎드려 절 받기
★ 295. 억지로 절 받기   ★ 296. 옆 찔러 절 받기

★ 입이 열 개라도 할 말이 없다.
★ 297. 입이 광주리만 해도 말 못한다.

속담 파워업 2
다른 속담을 더 알아봅시다.

298. 고기도 큰물에서 노는 놈이 크다.
사람도 좋은 환경에서 교육을 받고 자라야 훌륭하게 큰다는 뜻.

299. 고운 털이 박히다.
남달리 예쁨을 받는다는 뜻.

300. 굽은 나무가 선산을 지킨다.
쓸모없어 보이는 것이 오히려 제 역할을 한다는 뜻.

301. 귀식 씻나락 까먹는 소리
이치에 맞지 않고 쓸데없는 말이라는 뜻.

302. 그릇도 차면 넘친다.
번성할 때가 있으면 쇠할 때도 있다는 뜻.

303. 길가에 집 짓기
길가에 집을 짓고 있으면 오가는 사람들이 잔소리를 많이 하는 것처럼, 다른 사람의 잔소리가 많아서 일이 제대로 이루어지기 어렵다는 뜻.

304. 나 먹자니 싫고 개 주자니 아깝다.
자신한테는 필요 없지만 남에게 주기는 싫어한다는 뜻.

305. 나중에 보자는 사람 무섭지 않다.
나중에 어떻게 하겠다고 말만 하는 것은 소용 없는 일이라는 뜻.

306. 낙숫물은 떨어지던 데 또 떨어진다.
한번 든 버릇을 고치기는 어렵다는 뜻.

307. 노는 입에 염불하기
가만히 놀기보다는 되든 안 되든 무슨 일이라도 해 보라는 뜻.

308. 대추나무에 연 걸리듯
여기저기에 빚을 많이 졌다는 뜻.

309. 더운밥 먹고 식은 소리 한다.
괜히 필요 없는 말을 한다는 뜻.

310. 도끼가 제 자루 못 찍는다.
자기 잘못을 스스로 알아서 고치기가 어렵다는 뜻.

311. 드는 줄은 몰라도 나는 줄은 안다.
재물이 들어오는 것은 눈에 잘 안 띄지만 재물이 줄어들면 금방 알 수 있다는 뜻.

312. 듣기 좋은 이야기도 늘 들으면 싫다.
좋은 일도 여러 번 계속되면 싫어진다는 뜻.

313. 먼 사촌보다 가까운 이웃이 낫다.
가까이 지내는 이웃이 먼 데 사는 친척보다 더 친해 서로 돕고 산다는 뜻.

314. 물에 물 탄 듯 술에 술 탄 듯
자기 주관이 없이 말이나 행동이 분명하지 않다는 뜻.

315. 물이 너무 맑으면 고기가 안 모인다.
너무 결백하고 깔끔한 사람에게는 친구들이 잘 안 모인다는 뜻.

316. 밤이 깊어 갈수록 새벽이 가까워 온다.
어려운 일이 지나면 곧 좋은 일이 온다는 뜻.

재미만만 속담 알아맞히기

각 속담이 어떤 경우에 쓰이는지 그림을 잘 살펴보고,
알맞은 속담의 뜻을 찾아보세요.

속담 맞히기

어떤 경우에 쓰는 속담일까요?

317 마른하늘에 날벼락

① 자기가 아는 게 다인 줄 알 때

② 생각지도 못했던 불행한 일이 생겼을 때

③ 비슷한 말이라도 어떻게 하느냐에 기분 좋게도, 나쁘게도 들리니 주의해 말하라고 할 때

정답: 317. ② 318. ③ 319. ①

더 해 볼까?

위의 보기 중 아래 속담에 맞는 번호를 골라 써 보세요.

318. 같은 말이라도 아 다르고 어 다르다. ____
319. 우물 안 개구리 ____

320. 가는 말이 고와야 오는 말이 곱다.

① 일부만 보고 짐작해서 전체를 알 수 있다고 할 때

② 아무리 작은 일이라도 함께 하면 더 쉽다고 할 때

③ 내가 다른 사람에게 말을 좋게 해야 다른 사람도 나에게 말을 좋게 한다고 할 때

더 해 볼까?

정답: 320. ③ 321. ② 322. ①

위의 보기 중 아래 속담에 맞는 번호를 골라 써 보세요.

321. 백지장도 맞들면 낫다. _____
322. 하나를 보고 열을 안다. _____

속담 맞히기
어떤 경우에 쓰는 속담일까요?

323 땅 짚고 헤엄치기

① 아주 작은 일에도 불같이 화내는 사람을 두고 말할 때

② 아주 쉬운 일을 말할 때

③ 아주 어려운 일을 해 나가는 걸 말할 때

④ 이러지도 저러지도 못하고 마음이 아주 불편할 때

더 해 볼까?

정답: 323. ② 324. ① 325. ④ 326. ③

위의 보기 중 아래 속담에 맞는 번호를 골라 써 보세요.

324. 가랑잎에 불붙듯 하다. _____
325. 바늘방석에 앉은 것 같다. _____
326. 마른땅에 말뚝 박기 _____

327 못된 송아지 엉덩이에 뿔 난다.

① 바로 눈앞에 보이는 것만 생각하고 좀 더 전체적인 생각을 하지 못할 때

② 사람들은 자기에게 잘해 주는 사람에게 해를 끼치지 않는다고 할 때

③ 성격이 못되서 비뚤어진 행동을 할 때

더 해 볼까?

위의 보기 중 아래 속담에 맞는 번호를 골라 써 보세요.

328. 나무를 보고 숲을 보지 못한다. _____
329. 웃는 낯에 침 뱉으랴. _____

정답: 327. ③, 328. ①, 329. ②

속담 맞히기
어떤 경우에 쓰는 속담일까요?

330 세 살 버릇 여든까지 간다.

① 어렸을 때 든 버릇은 평생 이어진다고 할 때

② 좀 기분 나쁜 일이 생겨도 그걸 좋게 생각할 때

③ 남을 속이려다 오히려 자신이 당할 때

정답: 330. ① 331. ③ 332. ②

더 해 볼까?

위의 보기 중 아래 속담에 맞는 번호를 골라 써 보세요.

331. 제 꾀에 제가 넘어간다. ____
332. 꿈보다 해몽이 낫다. ____

333 첫술에 배부르랴.

① 일이 점점 더 어려워질 때

② 싸움도 상대가 있어야 난다고 할 때

③ 어떤 일이든 시작하자마자 금세 되는 일은 없으니 꾸준히 해야 한다고 할 때

④ 실속은 없고 겉만 그럴듯할 때

더 해 볼까?

정답: 333. ③, 334. ④, 335. ①, 336. ②

위의 보기 중 아래 속담에 맞는 번호를 골라 써 보세요.
334. 속 빈 강정 ____
335. 갈수록 태산이다. ____
336. 손바닥도 마주쳐야 소리가 난다. ____

속담 맞히기

어떤 경우에 쓰는 속담일까요?

337 호랑이를 그리려다 고양이를 그린다.

① 시간이 돈처럼 귀하기 때문에 아껴야 한다고 할 때

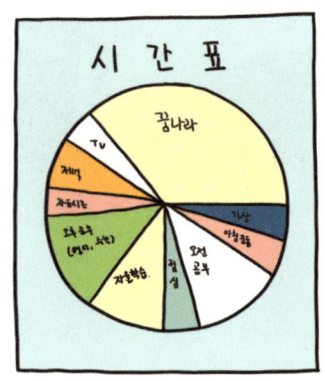

② 시작은 거창하게 했는데, 끝날 때 보니 시시하게 되었을 때

③ 친구가 갑자기 엉뚱한 얘기나 행동을 할 때

정답: 337. ② 338. ③ 339. ①

더 해 볼까?

위의 보기 중 아래 속담에 맞는 번호를 골라 써 보세요.

338. 아닌 밤중에 홍두깨 ____
339. 시간은 돈이다. ____

340. 쥐구멍에도 볕 들 날이 있다.

① 힘들고 어려운 사람에게도 언젠가 좋은 일이 생긴다고 할 때

② 집 바깥 생활이 얼마나 힘든지 말할 때

③ 일이 잘되면 잘난 척하다가 잘 안 되면 남 탓이라고 할 때

더 해 볼까?

정답: 340. ① 341. ② 342. ③

위의 보기 중 아래 속담에 맞는 번호를 골라 써 보세요.

341. 집 떠나면 고생이다. _____

342. 잘되면 제 탓 못 되면 조상 탓 _____

속담 맞히기

어떤 경우에 쓰는 속담일까요?

343 남의 떡이 더 커 보인다.

① 아이는 모든 걸 따라 하기 때문에 어른이 행동을 조심해야 한다고 할 때

② 언젠가 하려던 일을 우연히 해치우게 될 때

③ 기초가 튼튼하지 않으면 무너지기 쉽다고 할 때

④ 자기 것보다 남이 가진 게 더 좋아 보일 때

더 해 볼까?

정답: 343. ④, 344. ③, 345. ①, 346. ②

위의 보기 중 아래 속담에 맞는 번호를 골라 써 보세요.

344. 모래 위에 쌓은 성 ____

345. 아이 보는 데는 찬물도 못 마신다. ____

346. 떡 본 김에 제사 지낸다. ____

347 싼 게 비지떡

① 작은 곤충도 얼굴이 있듯 사람이 염치와 부끄러움을 알아야 한다고 할 때

② 나쁜 일이라도 어차피 겪을 거면 오래 걱정하기보다 먼저 겪어야 마음 편하다고 할 때

③ 값이 싼 물건은 당연히 질이 안 좋다고 할 때

더 해 볼까?

위의 보기 중 아래 속담에 맞는 번호를 골라 써 보세요.

348. 매도 먼저 맞는 놈이 낫다. _____
349. 벼룩도 낯짝이 있다. _____

정답: 347. ③, 348. ②, 349. ①

속담 맞히기
어떤 경우에 쓰는 속담일까요?

350 꼬리가 길면 밟힌다.

① 귀한 것을 버리고 값어치 없는 것을 얻었을 때

② 나쁜 일을 자꾸 하면 반드시 발각된다고 할 때

③ 가만히 있기보다 요구를 해야 원하는 것을 얻을 수 있다고 할 때

정답: 350. ② 351. ① 352. ③

더 해 볼까?

위의 보기 중 아래 속담에 맞는 번호를 골라 써 보세요.

351. 소 팔아 닭 산다. _____
352. 우는 아이 젖 준다. _____

353
배보다 배꼽이 크다.

① 보기만 하면 서로 싸우려 할 때

② 사람은 누구에게나 허물이 있다고 할 때

③ 일 년 내내 추석처럼 먹고 입을 게 많기를 바랄 때

④ 정작 중요한 일보다 중요하지 않은 일의 비중이 클 때

더 해 볼까?

정답: 353. ④ 354. ① 355. ③ 356. ②

위의 보기 중 아래 속담에 맞는 번호를 골라 써 보세요.

354. 고양이 개 보듯 ____
355. 더도 말고 덜도 말고 늘 가윗날 같아라. ____
356. 털어서 먼지 안 나는 사람 없다. ____

속담 맞히기

어떤 경우에 쓰는 속담일까요?

357 금강산도 식후경

① 자신의 처지가 다른 사람의 처분만 기다리게 됐을 때

② 아무리 즐겁고 재미있는 일도 배가 불러야 제대로 느낄 수 있다고 할 때

③ 자신을 위해 하는 일이 남을 더 유리하게 할 때

정답: 357. ② 358. ③ 359. ①

더 해 볼까?

위의 보기 중 아래 속담에 맞는 번호를 골라 써 보세요.

358. 남의 다리 긁는다. _____

359. 도마 위의 생선 _____

360. 아끼다 똥 된다.

① 좋은 물건도 너무 아끼다가 잃어버리거나 못 쓰게 될 수 있다고 할 때

② 한 가지 일을 해서 여러 가지 이익을 얻으려 할 때

③ 누군가 안 해도 되는 걱정을 할 때

더 해 볼까?

위의 보기 중 아래 속담에 맞는 번호를 골라 써 보세요.

361. 걱정도 팔자 ____
362. 굿도 볼 겸 떡도 먹을 겸 ____

정답: 360. ① 361. ③ 362. ②

속담 맞히기

어떤 경우에 쓰는 속담일까요?

363 시장이 반찬이다.

① 하는 일 없이 늘어져 편하게 지낼 때

② 한 사람 때문에 그 사람이 속한 단체나 나라가 욕을 먹을 때

③ 배가 고프면 반찬이 무엇이든 아주 맛있다고 할 때

④ 자기가 좋아하는 것을 남이 손댈 겨를 없이 재빨리 차지할 때

정답: 363. ③　364. ④　365. ②　366. ①

더 해 볼까?

위의 보기 중 아래 속담에 맞는 번호를 골라 써 보세요.

364. 고양이 앞에 고기반찬 _____
365. 생선 망신은 꼴뚜기가 시킨다. _____
366. 오뉴월 개 팔자 _____

367 울며 겨자 먹기

① 성격이 아주 급한 사람을 봤을 때

② 매운 겨자를 먹듯이 하기 싫은 일을 할 때

③ 어려웠던 집안이 일이 잘 풀리고 번성할 때

더 해 볼까?

정답: 367. ② 368. ③ 369. ①

위의 보기 중 아래 속담에 맞는 번호를 골라 써 보세요.

368. 죽은 나무에 꽃이 핀다. ____
369. 콩밭에 가서 두부 찾는다. ____

속담 맞히기

어떤 경우에 쓰는 속담일까요?

370 하늘의 별 따기

① 무언가 얻거나 이루기가 아주 어렵다고 할 때

② 자신을 반기는 곳은 없어도 가야 할 곳이 많을 때

③ 남을 좋은 말로 꾀어서 부추겨 놓고 위험하게 만들 때

정답: 370. ① 371. ② 372. ③

더 해 볼까?

위의 보기 중 아래 속담에 맞는 번호를 골라 써 보세요.

371. 거지 오라는 데는 없어도 갈 데는 많다. ____
372. 나무에 오르라 하고 흔드는 격이다. ____

373 찬물도 위아래가 있다.

① 무엇이든 아무리 많아도 펑펑 쓰면 줄게 되어 있다고 할 때.

② 평소 재수가 안 좋았던 사람에게 좋은 일이 생겼는데 또다시 곤란한 일이 생겼을 때.

③ 무슨 일이든지 순서가 있다고 할 때

④ 좋은 일을 했는데 티가 안 나서 남이 몰라줄 때

정답: 373. ③, 374. ①, 375. ②, 376. ④

더 해 볼까?

위의 보기 중 아래 속담에 맞는 번호를 골라 써 보세요.

374. 강물도 쓰면 준다. _____
375. 달걀에도 뼈가 있다. _____
376. 비단옷 입고 밤길 가기 _____

속담 맞히기

어떤 경우에 쓰는 속담일까요?

377 혹 떼러 갔다 혹 붙여 온다.

① 하기 싫은 일을 안 하려 하다가 싫은 일을 더 하게 될 때

② 사람이 착하고 지혜로워야 친구들이 많이 생긴다고 할 때

③ 흔적을 전혀 남기지 않고 꿩을 구워 먹듯이 어떤 사람에게서 소식이 전혀 없을 때

정답: 377. ① 378. ③ 379. ②

더 해 볼까?

위의 보기 중 아래 속담에 맞는 번호를 골라 써 보세요.

378. 꿩 구워 먹은 소식 _____
379. 숲이 깊어야 도깨비가 나온다. _____

380 그림의 떡

① 물건이 아무리 좋아 보여도 내 것이 될 가능성은 전혀 없을 때

② 어떤 일이 틀림없이 이루어질 게 확실할 때

③ 실제로 보니 명성에 비해 보잘것없을 때

더 해 볼까?

위의 보기 중 아래 속담에 맞는 번호를 골라 써 보세요.

381. 따 놓은 당상 _____ *당상: 조선시대 벼슬의 이름
382. 소문난 잔치에 먹을 것 없다. _____

정답: 380. ① 381. ② 382. ③

쉬어 가기

사다리를 따라 완성한 속담을 빈칸에 쓰세요.

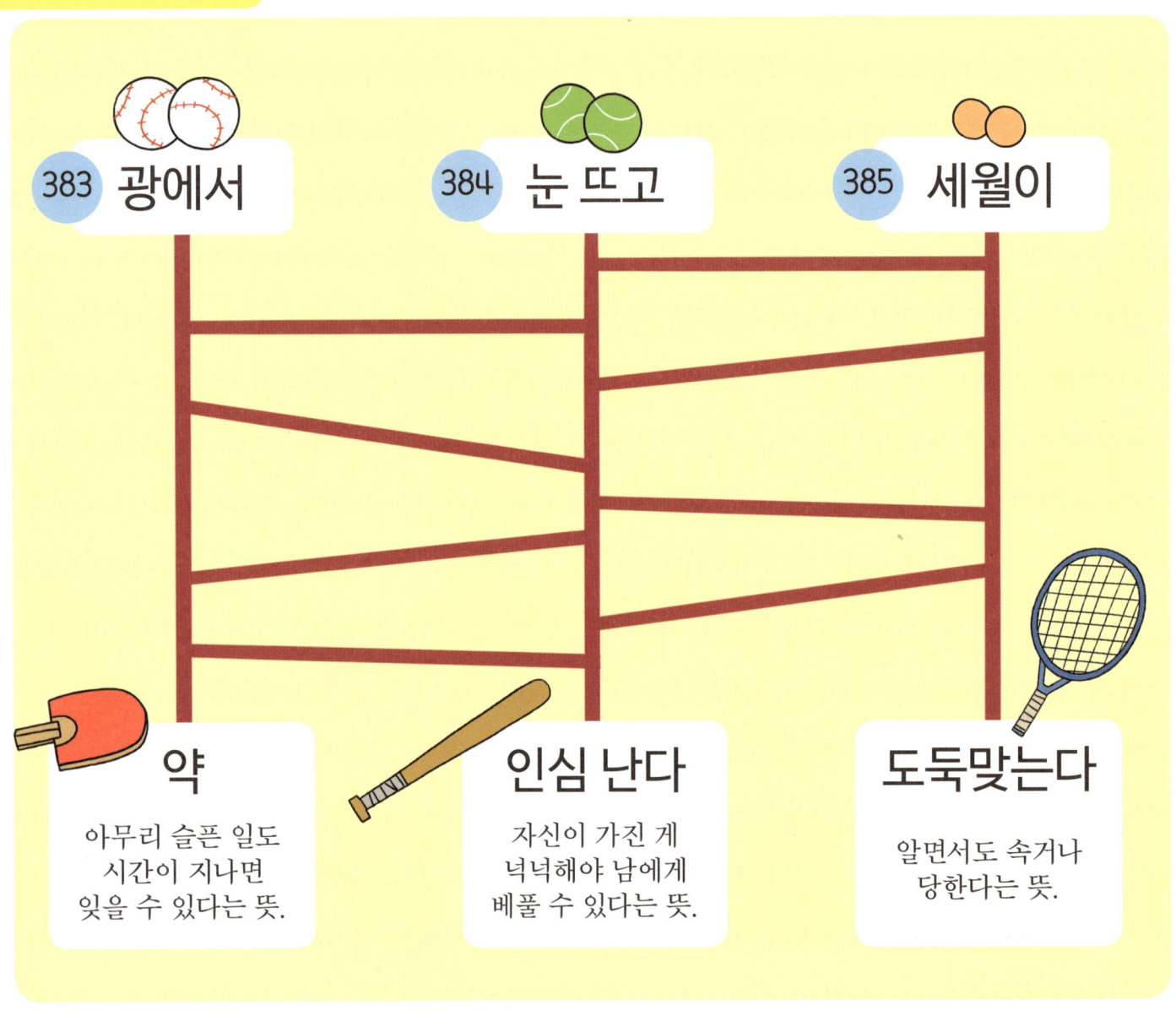

383.

384.

385.

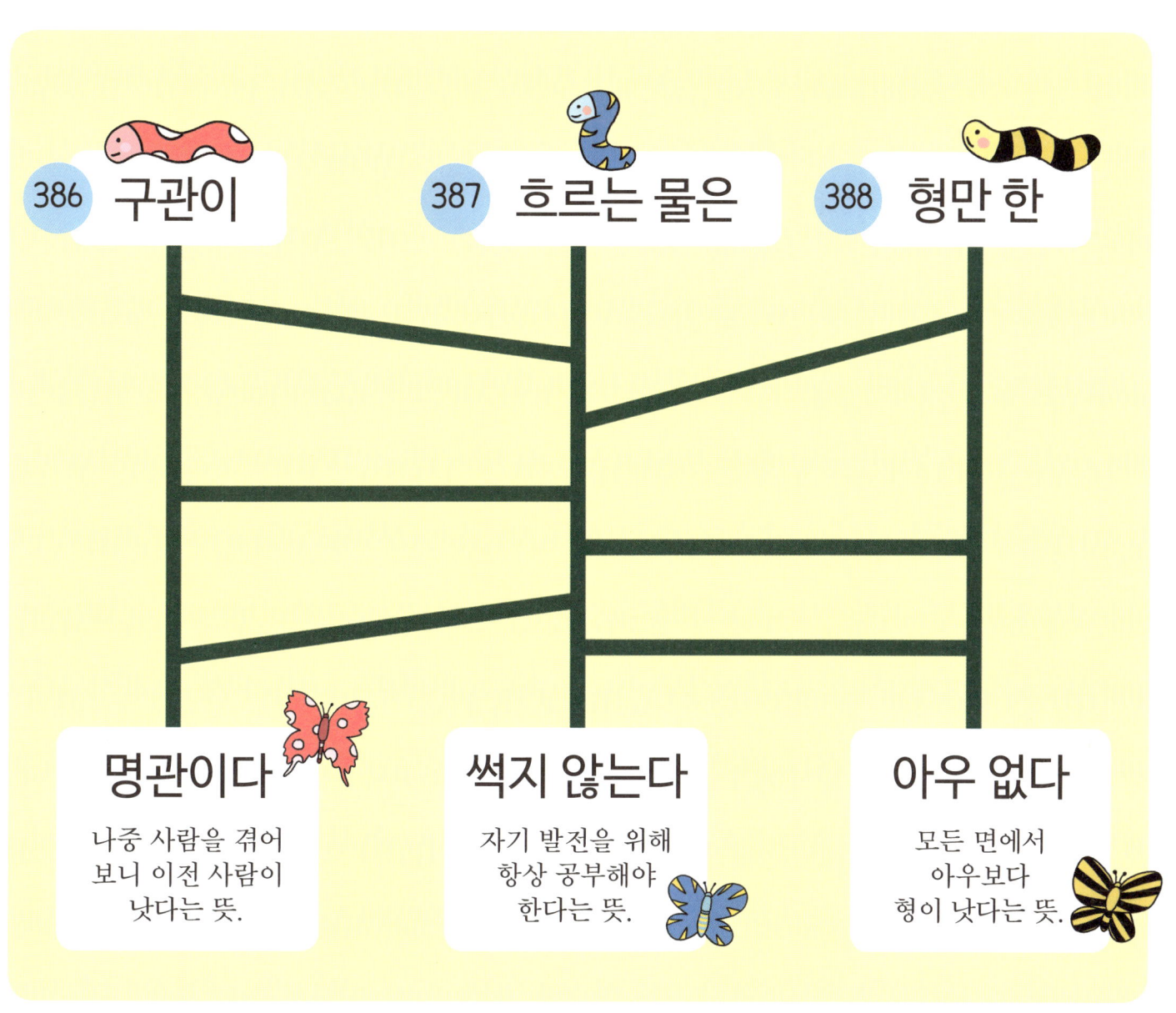

386. _____

387. _____

388. _____

쉬어 가기

사다리를 따라 완성한 속담을 빈칸에 쓰세요.

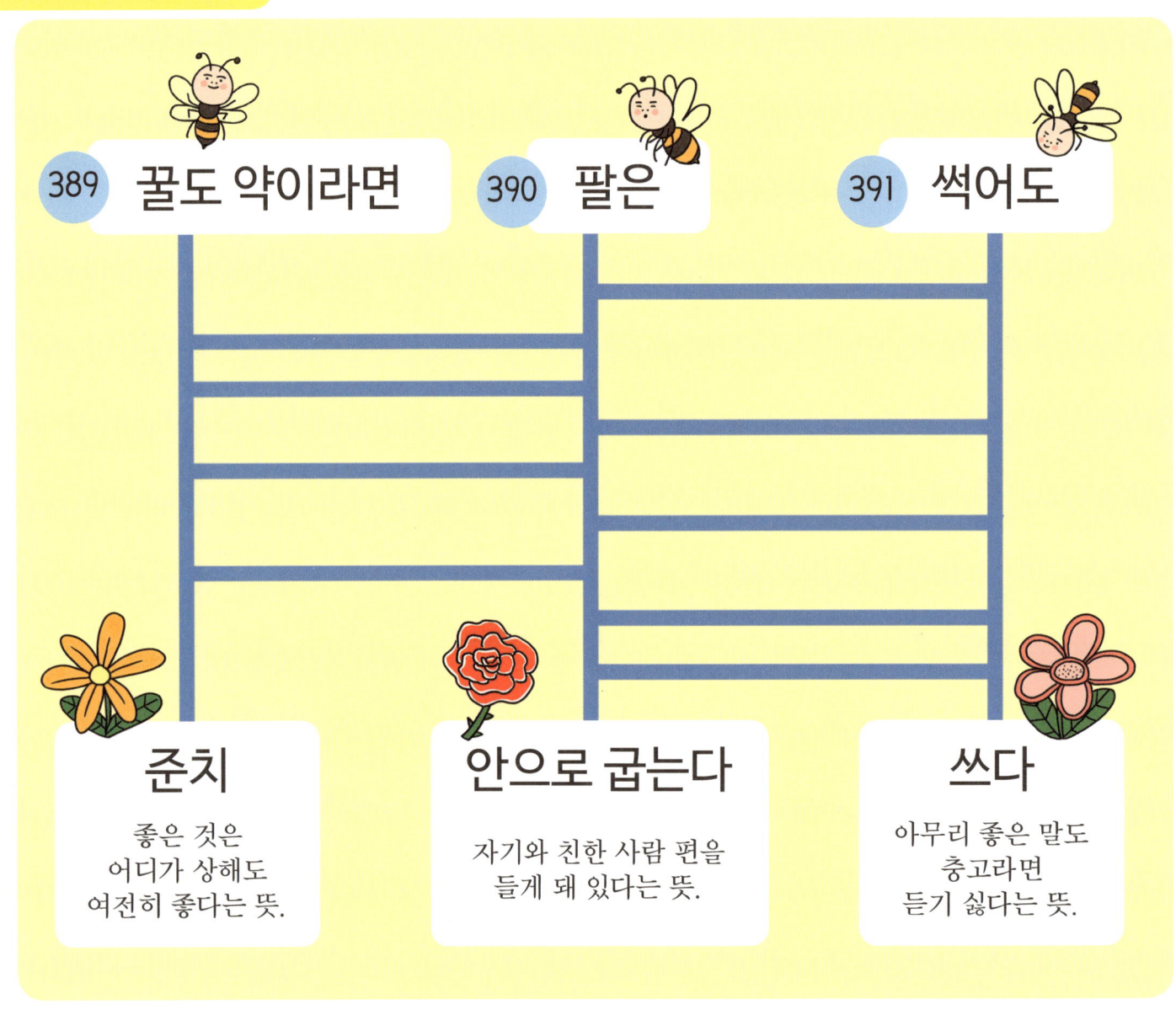

389. 꿀도 약이라면 쓰다.

390. 팔은 안으로 굽는다.

391. 썩어도 준치.

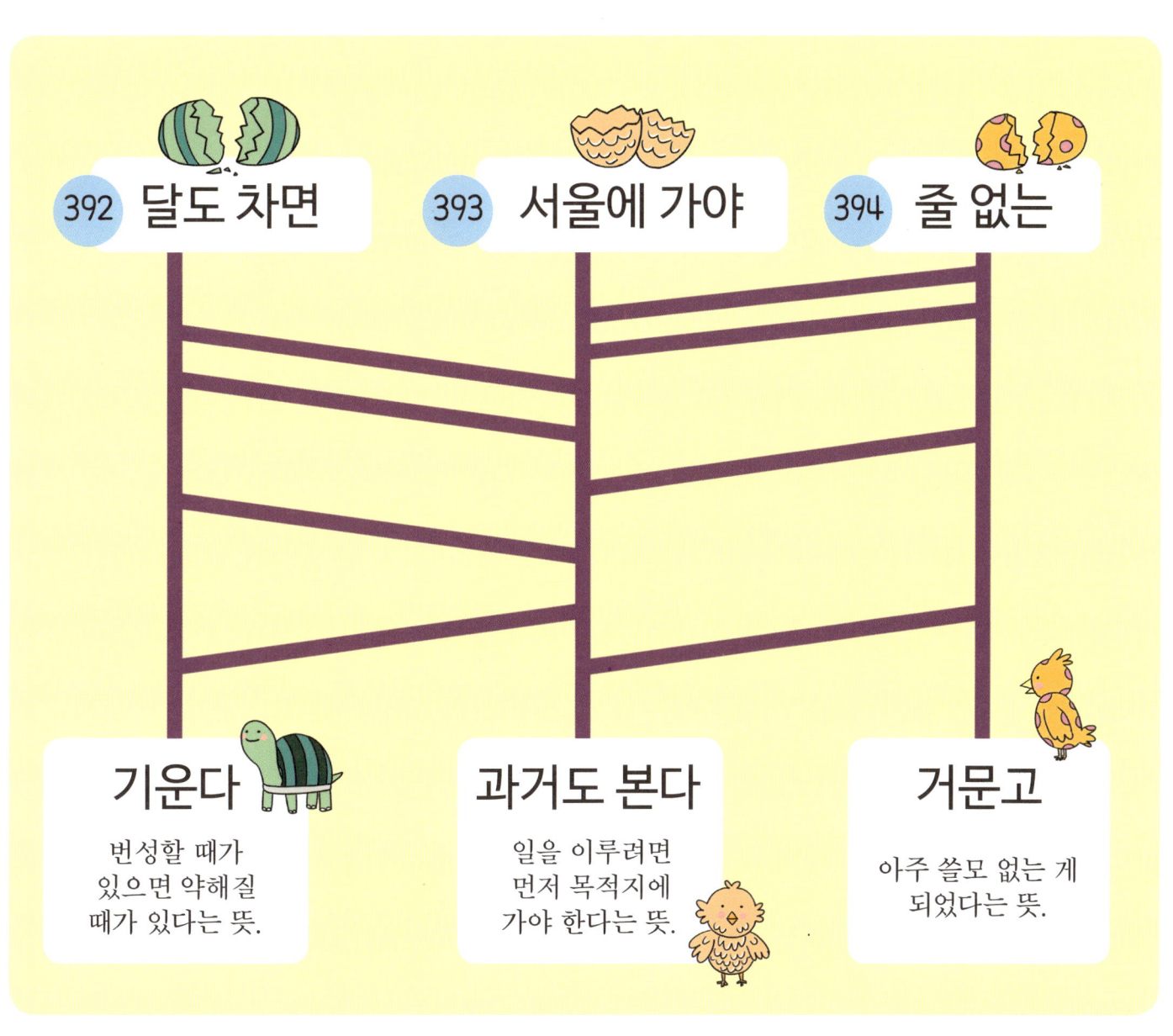

392.
‐‐

393.
‐‐

394.
‐‐

392. 달도 차면 기운다. 393. 서울에 가야 과거도 본다. 394. 줄 없는 거문고

속담 파워업 1

비슷한 속담을 알아봅시다.

⭐ 본문 속 속담   ⭐ 비슷한 속담

⭐ 가는 말이 고와야 오는 말이 곱다.
⭐ 395. 가는 떡이 커야 오는 떡이 크다.

⭐ 갈수록 태산이다.
⭐ 396. 산 넘어 산이다.   ⭐ 397. 산은 오를수록 높고 물은 건널수록 깊다.

⭐ 꼬리가 길면 밟힌다.
⭐ 398. 고삐가 길면 밟힌다.

⭐ 금강산도 식후경
⭐ 399. 나룻이 석 자라도 먹어야 샌님

⭐ 남의 다리 긁는다.
⭐ 400. 남의 말에 안장 지운다.   ⭐ 401. 남의 발에 버선 신긴다.

⭐ 땅 짚고 헤엄치기
⭐ 402. 삶은 호박에 침 박기

⭐ 떡 본 김에 제사 지낸다.
⭐ 403. 떡 본 김에 굿한다.   ⭐ 404. 소매 긴 김에 춤춘다.

⭐ 못된 송아지 엉덩이에 뿔 난다.
⭐ 405. 맛없는 국이 뜨겁기만 하다.   ⭐ 406. 미운 강아지 우쭐거리며 똥 싼다.

⭐ 숲이 깊어야 도깨비가 나온다.
🌟 407. 덤불이 커야 도깨비가 난다.

⭐ 아닌 밤중에 홍두깨
🌟 408. 어두운 밤에 주먹질

⭐ 잘되면 제 탓 못 되면 조상 탓
🌟 409. 못살면 터 탓 🌟 410. 안되면 산소 탓

⭐ 죽은 나무에 꽃이 핀다.
🌟 411. 고목에 꽃이 핀다.

⭐ 첫술에 배부르랴.
🌟 412. 한술 밥에 배부르랴.

속담 파워업 2

다른 속담을 더 알아봅시다.

413. 밥은 굶어도 속이 편해야 산다.
뭐니 뭐니 해도 마음이 편한 게 제일이라는 뜻.

414. 벙어리 냉가슴 앓듯
속상한 일이 있는데 말도 못하고 혼자서 고민한다는 뜻.

415. 불면 꺼질까 쥐면 터질까
부모님이 자식을 귀하게 여기며 기르는 사랑을 뜻.

416. 비 온 날 수탉같이
기세가 도도하더니 기가 팍 죽은 모습이라는 뜻.

417. 빈대도 낯짝이 있다.
지나치게 염치가 없는 사람을 뜻.

418. 사흘 굶어 도둑질 아니할 놈 없다.
아무리 착한 사람이라도 형편이 어려우면 나쁜 짓도 하게 된다는 뜻.

419. 산 개가 죽은 정승보다 낫다.
죽는 것보다 사는 게 훨씬 낫다는 뜻.

420. 산에 가야 범을 잡고 물에 가야 고기를 잡는다.
뜻을 이루려면 적극적으로 나서야 성공할 수 있다는 뜻.

421. 색시가 고우면 처갓집 외양간 말뚝에도 절한다.
아내가 사랑스러우면 아내 주변의 모든 게 좋아 보인다는 뜻.

422. 삼대 거지 없고 삼대 부자 없다.
재산이 많다고 오래 갈 수 없고, 가난하다고 영원히 가난하란 법도 없다는 뜻.

423. 쇠뿔도 단김에 빼랬다.
어떤 일을 할 생각이 났을 때 바로 해야 한다는 뜻.

424. 산토끼를 잡으려다가 집토끼를 놓친다.
새로운 것을 얻으려다가 이미 가진 것에 소홀해져서 잃거나 망치기 쉽다는 뜻.

425. 생일날 잘 먹으려고 이레를 굶는다.
어떻게 될지 모르는 일에 너무 기대를 크게 건다는 뜻.

426. 실속 없는 잔치 소문만 멀리 간다.
소문난 것이 실속은 별로 없다는 뜻.

427. 십 년이면 강산도 변한다.
세월이 지나면 모든 것이 변한다는 뜻.

428. 십 리도 못 가서 발병 난다.
어떤 일을 한 지 얼마 안 돼 문제가 생긴다는 뜻.

429. 쌀독에서 인심 난다.
자기가 넉넉하고 여유로워야 다른 사람을 도와준다는 뜻.

430. 쌈짓돈이 주머닛돈
한 가족이면 네 돈 내 돈 구분 없이 모두의 돈이라는 뜻.

호호깔깔
이야기
속담

재미있는 이야기 속에 나오는 속담을 찾아보세요.
힌트를 보고 빈칸에 알맞은 속담을 써 보세요.

앗, 똥 마려!

울창한 숲속 놀이터에 동물들이 모여 놀고 있었어요.

원숭이 얼굴이 갑자기 새빨개졌어요.

"야, 멍멍아! 나 지금 똥 마렵다! 네가 가서 휴지 좀 갖다줘."

"원숭아! 내가 지금 모래성 쌓는 거 보이지? 목마른 사람이 우물 판다고 휴지가 필요한 네가 직접 가져와라."

"알았어. 그런데 개똥도 약에 쓰려면 없다더니, 보통 때는 그렇게 흔하던 게 안 보이네."

휴지를 구하러 여기저기 돌아다니던 원숭이는 목이 말라서 가방 속에 든 물통을 꺼냈어요. 물을 마시고 물통을 다시 넣으려 보니, 가방에 두루마리 휴지가 있었어요.

"어휴, 등잔 밑이 어둡다고, 휴지가 내 가방에 들어 있었네."

원숭이는 무사히 볼일을 볼 수 있었답니다.

이야기 속 속담 힌트

431. _____
  ↳ 꼭 필요한 사람이 그 일을 서둘러 한다는 뜻이에요.

432. _____
  ↳ 별것 아닌 것 같은 물건도 막상 필요할 때는 찾기 힘들다는 뜻이에요.

433. _____
  ↳ 가까운 데서 생긴 일을 더 잘 모른다는 뜻이에요.

냄새 맡은 값

한 동네에 고생을 밥 먹듯 하는 가난뱅이와 부자가 살고 있었어요. 가난뱅이가 하루 종일 일을 한 뒤 주린 배를 안고서 부잣집 옆을 지나게 되었어요. 그런데 부잣집에서 고기 굽는 냄새가 솔솔 풍겨 나오는 거예요.

"음~ 정말 맛있는 고기구이 냄새로군. 참새가 방앗간을 그냥 지나치랴. 내가 좋아하는 고기 냄새라도 실컷 맡고 가야지."

가난뱅이는 자리를 떠나지 못하고 부잣집 앞에 앉아서 한동안 고기 냄새를 맡았어요. 이때 볼일을 보러 가던 부자가 자기네 집 앞에서 고기 냄새를 맡는 가난뱅이를 보았지요. 감기 고뿔도 남을 안 준다더니 부자는 고기 냄새가 아까웠어요. 그래서 손을 내밀며 말했어요.

"이보게, 우리 집 고기 냄새 맡은 값 닷 냥을 내시게."

가난뱅이는 어이가 없었지만, 내일 돈을 주겠노라고 부자에게 말하고 집에 돌아갔어요.

이야기 속 속담 힌트

434. _____
　　　　　　　↳ 항상 고생을 하고 있다는 뜻이에요.

435. _____
　　　　　　　↳ 좋아하는 것을 그냥 지나치지 못한다는 뜻이에요.

436. _____
　　　　　　　↳ 자기 것은 절대로 남에게 안 줄 정도로 인색하다는 뜻이에요.

가난뱅이는 집에서 아내와 아들 앞에서 저녁에 있었던 일을 얘기했지요.

"아버지, 걱정 마세요. 부자에게 주기로 한 돈을 저에게 주세요. 제가 내일 부자에게 가서 지렁이도 밟으면 꿈틀한다는 걸 보여 줄 거예요."

가난뱅이는 아들의 말에 깜짝 놀랐어요. 하지만 어차피 부자에게 줄 돈이니 밑져야 본전이라는 심정으로 아들에게 돈을 맡겼어요.

"저는 어제 고기 냄새 맡은 가난뱅이의 아들입니다. 냄새 맡은 값을 드리겠습니다."

이튿날 부자를 만난 가난뱅이의 아들은 닷 냥을 두 손으로 감싸고는 위아래로 짤랑짤랑 흔들었어요.

"자, 이제 고기 냄새 맡은 값을 치렀으니, 저는 이만 가겠습니다."

"아니, 돈을 주고 가야지 왜 그냥 가느냐!"

"방금 짤랑짤랑 돈 소리를 들으셨지요? 냄새 맡은 값으로는 딱이지요."

부자는 꿀 먹은 벙어리가 되어 아무 말도 못 했답니다.

이야기 속 속담 힌트

437. _____
  ↳ 아무리 보잘것없어 보이는 사람도 업신여기면 가만히 있지 않는다는 뜻이에요.

438. _____
  ↳ 일이 잘못돼도 손해 볼 것이 없다는 뜻이에요.

439. _____
  ↳ 자기 생각을 말하지 못하고 있는 사람을 뜻해요.

푹신푹신 빵의 정체

뜨개질 할머니가 손녀에게 줄 직접 뜬 원피스를 싸 들고 산을 넘어가고 있었어요. 가다가 작은 언덕 때문에 철퍼덕 넘어졌지요. 할머니가 일어서려는데, 작은 언덕이 커지더니 할머니 앞을 떡하니 가로막았어요. 그건 언덕이 아니라 어마어마하게 큰 용이었어요.

"자고 일어났더니 배가 고프다. 맛있는 걸 안 내놓으면 너라도 잡아먹을 테다."

할머니는 '하늘이 무너져도 솟아날 구멍이 있다.'고 생각하며 털실이 가득 들어 푹신푹신한 빵 같은 뜨개질 가방을 내놓았어요.

"어허! 폭신폭신 맛있는 빵인가 보지?"

용은 허겁지겁 뜨개질 가방을 삼켰지요.

"어! 이게 다냐? 간에 기별도 안 간다. 억! 그런데, 배가 아프다!"

"호호호, 식은 죽도 불어 가며 먹어야지. 거기엔 뜨개질 바늘도 함께 들어 있었거든. 그렇게 냉큼 받아먹으니 그렇게 됐지."

할머니는 무사히 위험에서 벗어났답니다.

이야기 속 속담 힌트

440. _____
   ↳ 아무리 어려운 상황이라도 그것을 벗어날 가능성이 있다는 말이에요.

441. _____
   ↳ 먹은 것이 너무 적어서 안 먹은 것 같다는 말이에요.

442. _____
   ↳ 아무리 쉬운 일이라도 잘 살피고 신중히 해야 탈이 안 난다는 말이에요.

은혜도 모르는 호랑이

한 나그네가 깊은 산골을 지나고 있었어요.

"어흥! 날 좀 살려 주시오. 엉엉."

울음소리에 놀란 나그네가 소리가 나는 곳으로 가 보니 구덩이가 하나 있었어요.

구덩이 안을 내려다보니 호랑이가 울면서 나그네를 올려다보고 있었어요.

"날 좀 여기서 끌어올려 주시오. 조금만 더 여기 있다가는 죽을 것 같소."

나그네는 커다란 통나무를 내려서 호랑이가 올라오게 해 주었어요.

"휴, 살았다. 그런데 배고프다. 수염이 석 자라도 먹어야 양반이지. 내가 아무리 숲속의 왕이어도 배가 고프니 힘을 못 쓰겠구나. 쩝, 내 너라도 잡아먹어야겠다."

호랑이는 입을 크게 벌리며 나그네를 잡아먹으려 덤볐어요. 나그네는 고양이 앞에 쥐 신세였지요.

"에구, 물에 빠진 사람 건져 놓으니 내 봇짐 내라 한다더니. 살려 준 보람도 없구나. 이러면 안 되지요. 우리 다른 이에게 물어봅시다."

이야기 속 속담 힌트

443. _____
   └ 배가 불러야 체면을 차릴 수 있다는 말이에요.

444. _____
   └ 상대가 무서워서 겁내고 있는 모습을 말해요.

445. _____
   └ 어려울 때 구해 준 사람에게 오히려 해를 끼치려 하는 상황이에요.

호랑이와 나그네는 지나던 소에게 호랑이가 나그네를 잡아먹어도 되는지 물어봤어요.

"당연하지. 사람은 소한테 일만 시키니까 호랑이가 잡아먹어도 돼."

나그네는 무서워서 심장이 오그라들었어요. 되로 주고 말로 받는다고 소한테 너무 일만 시켜서 호랑이한테 잡아먹히게 되다니 후회가 되었어요.

그때 토끼가 나타났어요. 호랑이와 나그네는 토끼에게도 호랑이가 나그네를 잡아먹어도 되는지 물어봤어요.

"뭐라고요? 그럼 처음에 호랑이가 어떻게 하고 있었는지 좀 보여 줄래요?"

"그러니까 말이야, 아까는 여기에 통나무가 없었거든."

나그네는 통나무를 구덩이에서 끌어올렸어요.

그러자 호랑이는 씩씩하게 구덩이로 펄쩍 뛰어내렸어요. 그때 토끼가 웃으며 말했어요.

"하하하. 넌 거기에 그러고 있어라. 은혜도 모르는 호랑이야. 네가 내 친구도 잡아먹었잖아. 뿌린 대로 거두는 거야."

"토끼 네 말이 맞아. 남의 눈에 눈물 내면 제 눈에는 피눈물 나는 법이지."

나그네는 토끼에게 고맙다고 인사하고 무사히 마을로 돌아왔답니다.

이야기 속 속담 힌트

446. _____
    ↳ 작은 해를 끼쳤는데 더 큰 앙갚음을 당할 때 쓰는 말이에요.

447. _____
    ↳ 어떻게 행동했느냐에 따라 그대로 결과가 따라온다는 말이에요.

448. _____
    ↳ 남에게 못된 짓을 하면 자신은 더 큰 벌을 받게 돼 있다는 뜻이에요.

급하다 급해

외계인 투덜이와 투덜이네 엄마가 외할머니 댁에 가는 길이었어요. 버스에서 내렸는데 길 건너편 백화점 앞에 '정기 세일'이라고 쓰인 화려한 현수막이 보였지요.

"호호, 가는 날이 장날이라더니. 오랜만에 이 동네에 왔는데 마침 세일이네."

마음이 급했던 엄마는 투덜이 손을 붙잡고 빨간불에 횡단보도를 건넜어요.

"네가 좋아하는 한정판 장난감이 다 팔릴까 봐 그런 거야."

"핑계 없는 무덤이 없다고, 교통 법규 어기시고 제 핑계는 대지 마세요."

투덜이의 말에 엄마는 얼굴이 빨개졌어요.

다음 날 학교에 가는 투덜이가 빨간불에 횡단보도를 건너려 하자 엄마가 말했어요.

"안 돼. 지금은 빨간불이잖아."

"엄마도 어제 백화점 앞에서 빨간불일 때 건넜으면서!"

엄마는 '그래서 윗물이 맑아야 아랫물이 맑다고 하는구나.' 하고 생각했답니다.

이야기 속 속담 힌트

449. _____
　　　↳ 무슨 일을 하려 했는데, 뜻밖의 다른 일이 생겼다는 뜻이에요.

450. _____
　　　↳ 큰 잘못을 저질렀어도 그 행동을 한 이유를 변명할 수 있다는 말이에요.

451. _____
　　　↳ 윗사람이 바르게 행동해야 아랫사람도 따라서 바르게 행동한다는 말이에요.

우리 팀 이겨라!

치타, 영양, 얼룩말 등 재빠른 동물들이 모인 재빠른팀, 고릴라, 코끼리, 악어처럼 힘이 센 동물들이 모인 힘센팀이 축구를 했어요. 재빠른팀은 고기가 물을 만난 격으로 운동장 위를 펄펄 뛰어다녔어요. 하지만 힘센팀의 수비에 막혀 재빠른팀이 찬 공이 매번 골대만 맞고 나오지 뭐예요.

"아, 정말! 힘 빠진다. 이러다 우리 팀이 지겠어."

치타가 시무룩하게 말하자 얼룩말이 말했어요.

"괜찮아. 방귀가 잦으면 똥이 나온다잖아. 자꾸 골대를 맞히다 보면 언젠가는 골이 들어갈 거야."

얼룩말의 말에 힘을 얻은 치타는 열심히 경기를 했어요. 치타의 패스 덕분에 영양이 골을 넣었어요.

"하늘은 스스로 돕는 자를 돕는다더니. 노력하니까 되지?"

얼룩말의 말에 치타가 활짝 웃었어요.

이야기 속 속담 힌트

452. ────────────────
└ 일이 잘 풀릴 기회를 만났다는 뜻이에요.

453. ────────────────
└ 어떤 징조가 계속되면 결정적인 일이 이루어진다는 뜻이에요.

454. ────────────────
└ 스스로 노력하는 사람에게는 좋은 일이 일어나게 돼 있다는 뜻이에요.

452. 고기가 들을 달린다. 453. 원숭이가 공으로 들이 나온다. 454. 아프리카 동물 친구들이 축구를 한다.

시간 가는 줄 모르고

부지런한 농부가 나무를 하러 도끼와 지게를 챙겨 산으로 나섰어요. 나무를 다 해서 내려가던 농부는 비탈길에 주르륵 미끄러져 넘어지고 말았어요.

"아이고. 엎어진 김에 쉬어 간다고, 여기에 앉아서 칡뿌리 좀 씹다 가야겠군."

농부가 칡뿌리 껍질을 벗겨 쪽쪽 빨며 씹고 있을 때였어요.

"이보게. 한 수만 물리게. 기는 놈 위에 나는 놈 있다더니, 자네 나보다 바둑을 잘 두는구먼."

소리 나는 곳으로 가 보니 신선 둘이 바둑을 두고 있었어요. 신선들이 어찌나 재밌게 바둑을 두는지 농부는 그 모습을 구경하며 시간 가는 줄을 몰랐어요.

"아이고, 오늘 재밌었네."

두 신선이 일어나자, 그제야 농부도 지게와 도끼를 챙기려 했어요. 그런데 도낏자루가 썩어 있는 거예요. 농부도 모르는 새에 수백 년이 흘러 버린 것이었어요.

"이런! 내가 신선놀음에 도낏자루 썩는 줄 몰랐구나."

농부는 마을로 내려가 열심히 일해서 행복하게 살았어요.

이야기 속 속담 힌트

455. _____
↳ 뜻밖의 기회를 만나서 하고 싶은 일을 한다는 말이에요.

456. _____
↳ 세상에는 잘난 사람보다 더 잘난 사람이 있는 법이라는 뜻이에요.

457. _____
↳ 재미있는 일을 하느라고 시간 가는 줄 모른다는 말이에요.

거울 속의 모습

도치는 얼굴이 부루퉁했어요. 어제 형 흑치가 도치가 숙제 안 한 걸 엄마한테 일렀거든요. 도치는 엄마에게 혼이 단단히 났어요. 숙제를 해 온 덕분에 선생님께 혼나지는 않았지만 도치는 화가 풀리지 않았어요.

"눈에는 눈, 이에는 이야. 나도 오늘 집에 가면 엄마한테 형이 지난 주에 학원 빠졌다고 이를 거야."

도치는 투덜거리면서 괜한 의자를 걷어찼지요.

"야, 너 무슨 일 있냐? 종로에서 뺨 맞고 한강에서 눈 흘긴다더니."

눈치 빠른 친구 화랑이가 말했어요.

"응, 형 때문에 화가 나서 그만……. 우리 형은 너무 못났어. 몸에는 뾰족뾰족 가시가 돋아 있어서 옆에 있으면 다들 피해. 꼬리도 너무 짧고 말이지……."

도치는 형 흉을 보니 화가 좀 가라앉는 것 같았어요.

"야, 너도 마찬가지잖아. 형 욕하는 거, 하늘 보고 침 뱉기다."

거울 속 자기 모습을 본 도치는 얼굴이 빨개졌답니다.

이야기 속 속담 힌트

458. ＿＿＿＿＿＿＿＿＿＿＿＿＿＿＿＿＿＿＿＿
　　　　　↳ 해를 입은 만큼 그대로 복수를 한다는 뜻이에요.

459. ＿＿＿＿＿＿＿＿＿＿＿＿＿＿＿＿＿＿＿＿
　　　　　↳ 화가 나게 한 데에 화를 풀지 못하고 엉뚱한 데 화풀이하는 거예요.

460. ＿＿＿＿＿＿＿＿＿＿＿＿＿＿＿＿＿＿＿＿
　　　　　↳ 자기가 한 행동이나 말이 오히려 자신에게 해가 되는 일이라는 뜻이에요.

458. 돈에는 눈, 이에는 이 459. 웃으며 내 뺨 치고 웃장에서 곡 훔친다. 460. 누워서 침 뱉기

쉬어 가기

미끄럼틀을 따라 완성한 속담을 빈칸에 쓰세요.

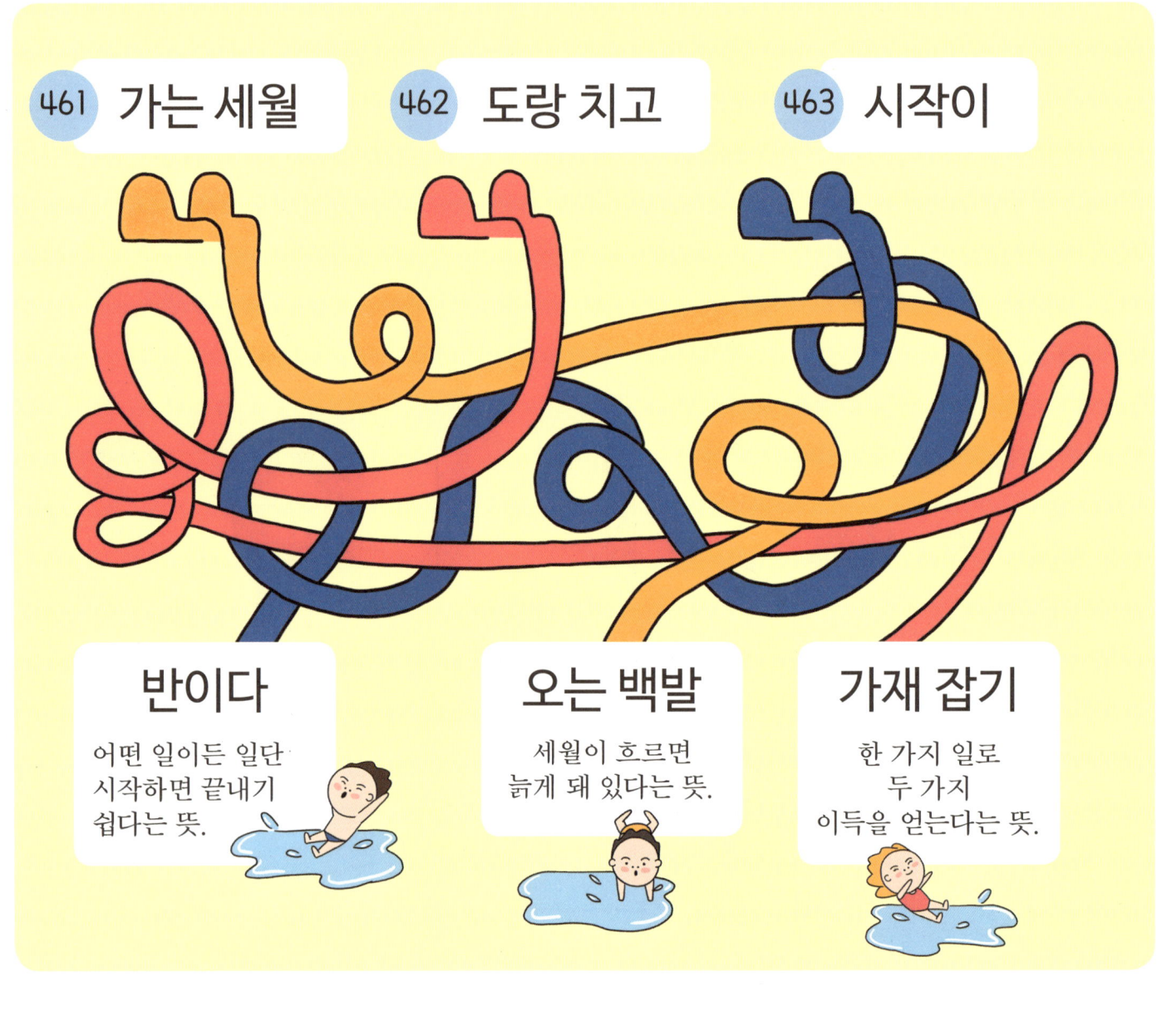

461. _____

462. _____

463. _____

덩굴줄기를 따라 완성한 속담을 빈칸에 쓰세요.

464. 고기는 씹어야 맛을 안다.

465. 두부 먹다 이 빠진다.

466. 산이 깊어야 범이 있다.

쉬어 가기

낚싯줄을 따라 완성한 속담을 빈칸에 쓰세요.

467.
468.
469.

연줄을 따라 완성한 속담을 빈칸에 쓰세요.

470. _____

471. _____

472. _____

470. 입에 맞는 떡   471. 초상난 집 개   472. 한 입 건너 두 입

속담 파워업 1
비슷한 속담을 알아봅시다.

★ 본문 속 속담   ★ 비슷한 속담

★ 가는 날이 장날
★ 473. 가는 날이 생일

★ 개똥도 약에 쓰려면 없다.
★ 474. 까마귀 똥도 약에 쓰려면 오백 냥이라.
★ 475. 까마귀 똥도 약이라니까 물에 깔긴다.   ★ 476. 쇠똥도 약에 쓰려면 없다.

★ 고양이 앞에 쥐
★ 477. 매 앞에 뜬 꿩 같다.

★ 되로 주고 말로 받는다.
★ 478. 한 되 주고 한 섬 받는다.

★ 식은 죽도 불어 가며 먹어라.
★ 479. 무른 감도 쉬어 가면서 먹어라.   ★ 480. 식은 국도 맛보고 먹으랬다.

★ 종로에서 뺨 맞고 한강에서 눈 흘긴다.
★ 481. 서울서 매 맞고 시골에서 주먹질한다.

★ 지렁이도 밟으면 꿈틀한다.
★ 482. 굼벵이도 밟으면 꿈틀한다.

- ★ 참새가 방앗간을 그냥 지나치랴.
- ⭐ 483. 고양이가 생선 가게를 그냥 지나치랴.

- ★ 하늘이 무너져도 솟아날 구멍이 있다.
- ⭐ 484. 사람이 죽으란 법은 없다. ⭐ 485. 죽을 수가 닥치면 살 수가 생긴다.

속담 파워업 2
다른 속담을 더 알아봅시다.

486. 쓴맛 단맛 다 보았다.
세상에서 기쁨과 슬픔, 즐거움과 고통을 다 겪어 봤다는 뜻.

487. 아흔아홉 섬 가진 사람이 한 섬 가진 사람의 것을 마저 빼앗으려 한다.
재산이 많을수록 더 욕심이 커진다는 뜻.

488. 앓던 이 빠진 것 같다.
골치 아픈 문제가 사라져서 속 시원하다는 뜻.

489. 업으나 지나
이렇게 하나 저렇게 하나 마찬가지라는 뜻.

490. 오뉴월 감기는 개도 아니 걸린다.
여름에 감기 걸린 사람을 놀리는 식으로 하는 말.

491. 입은 비뚤어져도 말은 바로 하랬다.
어떤 상황에서도 말을 바르게 하라는 뜻.

492. 자라 보고 놀란 가슴 솥뚜껑 보고도 놀란다.
어떤 일이나 물건에 한 번 놀라면 비슷한 일이나 사건만 보아도 겁을 낸다는 뜻.

493. 잔디밭에서 바늘 찾기
아무리 힘써도 찾을 수 없다는 뜻.

494. 지성이면 감천이다.
아무리 어려운 일도 정성을 다하면 이룰 수 있다는 뜻.

495. 참을 인 자 셋이면 살인도 피한다.
무슨 어려움이 생겨도 끝까지 참으면 어려움을 해결하고,
무엇이든 할 수 있다는 뜻.

496. 초가삼간 다 타도 빈대 죽은 것만 시원하다.
자기가 손해를 보더라도 싫은 것이 사라져 좋다는 뜻.

497. 친구 따라 강남 간다.
자신이 하고 싶지 않은 일을 다른 사람을 따라서 덩달아 한다는 뜻.

498. 콩 한 쪽도 나눠 먹는다.
아주 작은 것이라도 다른 사람과 나눠 갖는다는 뜻.

499. 콩을 팥이라고 우긴다.
사실과 다른 것을 맞다고 우긴다는 뜻.

500. 하늘도 끝 갈 날이 있다.
무슨 일이든 끝이 있다는 뜻.

501. 호랑이 잡고 볼기 맞는다.
좋은 일을 했는데도 욕을 먹거나 비난당한다는 뜻.

502. 호랑이 제 새끼 안 잡아먹는다.
사람은 자신의 자식을 사랑하게 되어 있다는 뜻.

503. 호미로 막을 것을 가래로 막는다.
문제가 커지기 전에 처리를 안 하고 놔두는 바람에 해결에 큰 힘이 들게 되었다는 뜻.

504. 홀아비 사정은 과부가 알아준다.
다른 사람의 어려운 사정을 비슷한 경험을 겪어 본 사람이 더 잘 안다는 뜻.

505. 흥정은 붙이고 싸움은 말리랬다.
좋은 일은 도와주고 나쁜 일은 못하게 하라는 뜻.

정답

38-39쪽

40-41쪽

42-43쪽

44-45쪽

46-47쪽

48-49쪽

정답

50-51쪽

52-53쪽

54-55쪽

56-57쪽

82-83쪽

228. 닭 229. 고기 230. 고양이 231. 바늘

84-85쪽
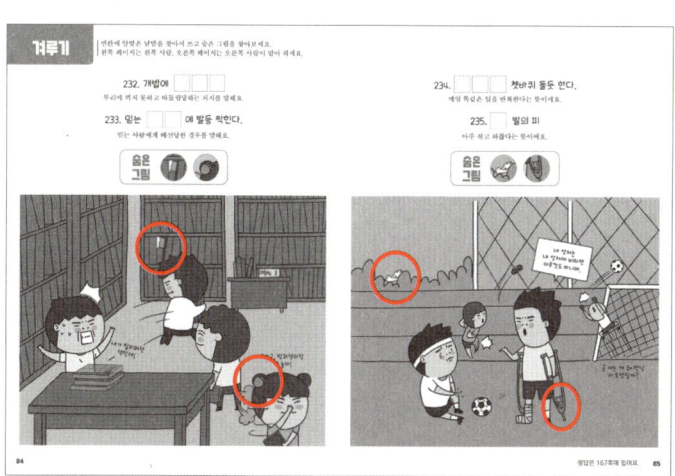

232. 도토리 233. 도끼 234. 다람쥐 235. 새

정답

86쪽
236. ③ 237. ① 238. ④ 239. ② 240. ⑤

87쪽
241. ③ 242. ⑤ 243. ① 244. ② 245. ④

88쪽
246. ② 247. ④ 248. ⑤ 249. ③ 250. ①

89쪽
251. ③ 252. ① 253. ② 254. ⑤ 255. ④

기획·글 **도토리창작연구소**
그림 **오우성**

스피드 속담 퀴즈!

※ 각 속담 오른쪽에 쓰인 번호는 본책 속 속담 번호입니다.

001 가게 기둥에 ☐☐ 65

002 가까운 제 ☐☐ 못 본다. 97

003 가난도 ☐☐ 이다. 467

004 가난한 집 ☐☐ 돌아오듯 66

005 가난한 집 ☐☐ 자랑하기다. 67

006 가는 날이 ☐☐ 473

007 ☐☐ 날이 장날 449

친구와 누가 더 빨리
맞히나 시합해 보세요.

속담 빈칸에 들어갈 말은 무엇일까요?

008 가는 ☐이 커야 오는 ☐이 크다. 395

009 가는 말에 ☐☐☐ 84

010 가는 말이 고와야 ☐☐ 말이 곱다. 320

011 가는 방망이 오는 ☐☐ 104

012 가는 세월 오는 ☐☐ 461

013 가는 ☐이 있어야 오는 ☐이 있다. 218

014 가는 ☐☐ 잡으려다 잡은 ☐☐ 놓친다. 118

정답 1. 인정 2. 홍두깨 3. 고슴 4. 세사 5. 흰떡 6. 상일꾼 7. 가는
8. 덕 9. 채찍질 10. 오누 11. 웅크새끼 12. 배롱 13. 장 14. 들깨

스피드 속담 퀴즈!

※ 각 속담 오른쪽에 쓰인 번호는 본책 속 속담 번호입니다.

015 가늘게 먹고 가는 ☐ 싸라. 68

016 가랑비에 ☐ 젖는 줄 모른다. 209

017 ☐☐ 에 불붙듯 하다. 324

018 가랑잎으로 ☐ 가리고 아웅 한다. 290

019 가랑잎으로 ☐ 싸 먹겠다. 468

020 가랑잎이 ☐☐ 더러 바스락거린다고 한다. 109

021 가루는 칠수록 고와지고 ☐ 은 할수록 거칠어진다. 69

친구와 누가 더 빨리 맞히나 시합해 보세요.

속담 빈칸에 들어갈 말은 무엇일까요?

022 가마 속의 ☐도 삶아야 먹는다. 115

023 ☐☐ 타고 시집가기는 다 틀렸다. 70

024 가마가 검기로 ☐도 검을까 71

025 가면 갈수록 ☐☐☐☐이다. 268

026 가물에 ☐☐ 72

027 가뭄에 ☐ 나듯 한다. 106

028 가시나무에 ☐☐가 난다. 184

정답: 15. 웅 16. 웅 17. 가정의달 18. 곡 19. 웅 20. 동일과 21. 양 22. 윤 23. 가야 24. 윤 25. 태산 26. 콩작심동 27. 단비 28. 가시

스피드 속담 퀴즈!

※ 각 속담 오른쪽에 쓰인 번호는 본책 속 속담 번호입니다.

029 ☐☐한테 찔려야 밤 맛을 안다. 73

030 가을바람의 ☐☐ 날 듯 74

031 가을에 떨어지는 ☐☐☐는 먼저 먹는 것이 임자이다. 75

032 가을에는 ☐☐☐☐도 덤빈다. 208

033 가재는 ☐ 편이다. 5

034 가지 많은 나무에 ☐☐ 잘 날 없다. 205

035 ☐에 기별도 안 간다. 441

친구와 누가 더 빨리 맞히나 시합해 보세요.

속담 빈칸에 들어갈 말은 무엇일까요?

036 간에 붙었다 ☐☐에 붙었다 한다. 246

037 ☐이라도 빼어 먹이겠다. 271

038 갈수록 ☐☐이다. 335

039 감기 고뿔도 ☐을 안 준다. 436

040 감나무 밑에 누워서 ☐☐ 떨어지기를 기다린다. 202

041 감투가 크면 ☐☐를 누른다. 127

042 값싼 것이 ☐☐☐이다. 211

정답: 29. 가시 30. 가재 31. 새털 32. 드릴 33. 무지개의 34. 개 비릉 35. 고기 36. 쓸개 37. 간 38. 태산 39. 남 40. 홍시 41. 어깨 42. 비지떡

스피드 속담 퀴즈!

※ 각 속담 오른쪽에 쓰인 번호는 본책 속 속담 번호입니다.

043 ☐ 쓰고 박치기 해도 제멋 76

044 ☐☐ 도 쓰면 준다. 374

045 ☐☐ 똥은 똥이 아닌가 77

046 같은 값이면 ☐☐☐ 200

047 같은 말이라도 아 다르고 ☐ 다르다. 318

048 개 귀에 ☐☐ 155

049 개 대가리에 ☐ 156

친구와 누가 더 빨리 맞히나 시합해 보세요.

속담 빈칸에 들어갈 말은 무엇일까요?

050 ☐ 발에 버선 157

051 개 발에 ☐☐ 112

052 개 버릇 ☐ 주나. 251

053 개 ☐☐ 쇠듯 78

054 개 팔자가 ☐☐☐ 277

055 ☐가 웃을 일이다. 257

056 개같이 벌어서 ☐☐ 같이 쓴다. 31

정답
43. 귀, 44. 꿩, 45. 꿩 대신 닭, 46. 꿩 먹고 알 먹기, 47. 끼리끼리, 48. 나, 49. 판
50. 개 귀, 51. 땀개, 52. 남, 53. 닭, 54. 드를, 55. 개 팔자가, 56. 개, 정승

스피드 속담 퀴즈!

※ 각 속담 오른쪽에 쓰인 번호는 본책 속 속담 번호입니다.

057 개구리 ☐☐ 적 생각 못한다. 8

058 ☐도 나갈 구멍을 보고 쫓는다. 79

059 개도 닷새가 되면 ☐☐을 안다. 80

060 개똥도 ☐에 쓰려면 없다. 432

061 ☐☐밭에 굴러도 이승이 좋다. 265

062 개똥밭에 ☐☐ 난다. 158

063 개미는 작아도 ☐을 쌓는다. 94

친구와 누가 더 빨리
맞히나 시합해 보세요.

속담 빈칸에 들어갈 말은 무엇일까요?

064 개밥에 ☐☐ 232

065 개천에서 ☐ 난다. 91

066 거미도 줄을 쳐야 ☐☐를 잡는다. 101

067 거지 오라는 데는 없어도 갈 데는 ☐☐. 371

068 거지 제 ☐☐ 깨기 207

069 걱정도 ☐☐ 361

070 걷기도 전에 ☐☐☐ 한다. 259

정답: 57. 동쪽이 58. 개 59. 꾼인 60. 약 61. 개똥 62. 인물 63. 탈 64. 도토리 65. 용 66. 팔자에 67. 없다 68. 그릇 69. 뛰자 70. 파리채

스피드 속담 퀴즈!

※ 각 속담 오른쪽에 쓰인 번호는 본책 속 속담 번호입니다.

071 검은 머리 ☐☐ 되도록 83

072 겉 다르고 ☐ 다르다. 142

073 겨울바람이 봄바람 보고 ☐☐ 한다. 154

074 ☐☐을 지내 보아야 봄 그리운 줄 안다. 81

075 겨울이 지나지 않고 ☐이 오랴. 274

076 계란으로 ☐☐ 치기 131

077 고기 만진 ☐ 국 솥에 씻으랴. 123

친구와 누가 더 빨리 맞히나 시합해 보세요.

속담 빈칸에 들어갈 말은 무엇일까요?

078 고기가 ☐을 만난 격 452

079 고기는 씹어야 ☐을 안다. 464

080 고기는 안 잡히고 ☐☐만 잡힌다. 7

081 ☐☐도 먹어 본 사람이 잘 먹는다. 151

082 고기도 저 놀던 ☐이 좋다. 6

083 고기도 ☐☐에서 노는 놈이 크다. 298

084 고래 그물에 ☐☐가 걸린다. 47

스피드 속담 퀴즈!

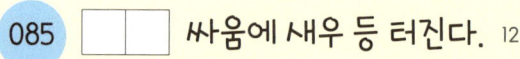

※ 각 속담 오른쪽에 쓰인 번호는 본책 속 속담 번호입니다.

085 ☐☐ 싸움에 새우 등 터진다. 121

086 고목에 ☐이 핀다. 411

087 고삐가 길면 ☐☐☐. 398

088 고생 끝에 ☐이 온다. 262

089 고생을 ☐ 먹듯 한다. 434

090 ☐☐을 사서 한다. 281

091 ☐☐☐도 제 새끼는 함함하다고 한다. 1

친구와 누가 더 빨리 맞히나 시합해 보세요.

속담 빈칸에 들어갈 말은 무엇일까요?

092 고양이 ☐ 보듯 354

093 고양이 목에 ☐☐ 달기 193

094 고양이 보고 ☐☐ 가게 지키라는 격이다. 160

095 고양이 ☐☐ 하듯 82

096 ☐☐☐ 앞에 고기반찬 364

097 고양이 앞에 ☐ 444

098 ☐☐☐ 쥐 생각한다. 230

정답: 85. 고래배, 86. 콩, 87. 왔는다가, 88. 뉘, 89. 밤, 90. 개, 91. 개똥, 92. 개, 93. 방울, 94. 반찬, 95. 세수, 96. 거지, 97. 쥐, 98. 고양이

스피드 속담 퀴즈!

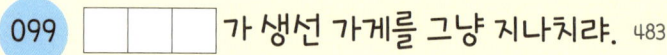

※ 각 속담 오른쪽에 쓰인 번호는 본책 속 속담 번호입니다.

099 ☐☐ 가 생선 가게를 그냥 지나치랴. 483

100 고양이한테 ☐☐ 을 맡긴다. 132

101 고운 ☐ 이 박히다. 299

102 고인 ☐ 이 썩는다. 224

103 공든 ☐ 이 무너지랴. 100

104 곶감 ☐☐ 에서 곶감 빼 먹듯 124

105 과일 망신은 ☐☐ 가 시킨다. 30

친구와 누가 더 빨리
맞히나 시합해 보세요.

속담 빈칸에 들어갈 말은 무엇일까요?

106   □에서 인심 난다. 383

107   구관이 □□이다. 386

108   구더기 무서워 □ 못 담글까. 195

109   구두 신고 □□ 긁기 179

110   구렁이 □ 넘어가듯 하다. 194

111   구르는 돌에는 □□가 끼지 않는다. 41

112   구름 갈 제 □가 간다. 173

스피드 속담 퀴즈!

※ 각 속담 오른쪽에 쓰인 번호는 본책 속 속담 번호입니다.

113 구슬 없는 ☐ 162

114 구슬이 서 말이라도 꿰어야 ☐☐ 190

115 ☐☐☐도 구르는 재주가 있다. 252

116 굼벵이도 꾸부리는 ☐☐가 있다. 288

117 굼벵이도 밟으면 ☐☐한다. 482

118 굽은 나무가 ☐☐을 지킨다. 300

119 굿도 볼 겸 ☐도 먹을 겸 362

친구와 누가 더 빨리 맞히나 시합해 보세요.

속담 빈칸에 들어갈 말은 무엇일까요?

120 ☐이나 보고 떡이나 먹지. 145

121 ☐☐ 씻나락 까먹는 소리 301

122 귀신이 곡할 ☐☐ 236

123 귀에 걸면 귀걸이, 코에 걸면 ☐☐ 29

124 그 나물에 그 ☐ 25

125 그 아버지에 그 ☐☐ 241

126 그릇도 차면 ☐☐. 302

스피드 속담 퀴즈!

※ 각 속담 오른쪽에 쓰인 번호는 본책 속 속담 번호입니다.

127 그림의 ☐ 380

128 굵어 ☐☐ 만든다. 223

129 금강산도 ☐☐ 357

130 급하다고 ☐ 쓰고 똥 싸랴. 40

131 급하면 바늘허리에 ☐ 매어 쓸까. 48

132 급히 먹는 밥이 ☐ 이 멘다. 237

133 기기도 전에 ☐☐ 부터 한다. 285

친구와 누가 더 빨리
맞히나 시합해 보세요.

속담 빈칸에 들어갈 말은 무엇일까요?

134 기는 놈 위에 ☐☐ 놈 있다. 456

135 ☐☐ 자 왼 다리도 못 그린다. 167

136 길가에 ☐ 짓기 303

137 길고 짧은 것은 ☐ 보아야 안다. 280

138 ☐☐ 고기를 먹었나. 201

139 까마귀 날자 ☐ 떨어진다. 90

140 까마귀 똥도 ☐에 쓰려면 오백 냥이라. 474

스피드 속담 퀴즈!

※ 각 속담 오른쪽에 쓰인 번호는 본책 속 속담 번호입니다.

141 까마귀 똥도 약이라니까 ☐ 에 깔긴다. 475

142 ☐☐ 제 소리 하면 온다. 62

143 까마귀가 검다고 속조차 ☐☐☐. 134

144 ☐☐ 가 길면 밟힌다. 350

145 ☐ 없는 나비 163

146 꽃이 고와야 ☐☐ 가 모인다. 99

147 꿀 먹은 ☐☐ 439

친구와 누가 더 빨리
맞히나 시합해 보세요.

속담 빈칸에 들어갈 말은 무엇일까요?

148 ☐도 약이라면 쓰다. 389

149 꿈보다 ☐☐이 낫다. 332

150 ☐ 구워 먹은 소식 378

151 꿩 먹고 ☐ 먹는다. 96

152 나 먹자니 싫고 ☐ 주자니 아깝다. 304

153 나는 ☐도 떨어뜨린다. 95

154 나룻이 석 자라도 먹어야 ☐☐ 399

스피드 속담 퀴즈!

※ 각 속담 오른쪽에 쓰인 번호는 본책 속 속담 번호입니다.

155 나무를 보고 ☐을 보지 못한다. 328

156 ☐☐에 오르라 하고 흔드는 격이다. 372

157 나중 난 ☐이 우뚝하다. 111

158 ☐☐에 보자는 사람 무섭지 않다. 305

159 ☐☐은 떨어지던 데 또 떨어진다. 306

160 낙숫물이 ☐☐을 뚫는다. 213

161 난쟁이끼리 ☐ 자랑하기 168

친구와 누가 더 빨리 맞히나 시합해 보세요.

속담 빈칸에 들어갈 말은 무엇일까요?

162 ☐☐ 없는 봉황 125

163 남의 눈에 눈물 내면 제 눈에는 ☐☐ 난다. 448

164 남의 ☐☐ 긁는다. 358

165 남의 ☐이 더 커 보인다. 343

166 남의 ☐에 안장 지운다. 400

167 남의 ☐에 버선 신긴다. 401

168 남의 ☐☐☐에 감 놓아라 배 놓아라 한다. 215

스피드 속담 퀴즈!

※ 각 속담 오른쪽에 쓰인 번호는 본책 속 속담 번호입니다.

169 ☐ 놓고 기역 자도 모른다. 119

170 낮말은 새가 듣고 밤말은 ☐가 듣는다. 39

171 낯익은 ☐☐에 발등 찍힌다. 292

172 내 코가 ☐ 자다. 13

173 ☐☐ 먹고 이 쑤시기 238

174 노는 입에 ☐☐ 하기 307

175 놓친 ☐☐가 더 커 보인다. 229

친구와 누가 더 빨리 맞히나 시합해 보세요.

속담 빈칸에 들어갈 말은 무엇일까요?

176 누더기 속에서 ☐☐ 난다. 159

177 누운 ☐ 타기 49

178 누울 자리 봐 가며 ☐을 뻗어라. 278

179 누워서 ☐ 먹기 26

180 누워서 ☐ 뱉기 242

181 누이 좋고 ☐☐ 좋다. 243

182 눈 가리고 ☐☐ 272

정답 169. 닭 170. 쥐 171. 도끼 172. 서 173. 낚시 174. 알밤 175. 고기 176. 영웅 177. 소 178. 발 179. 떡 180. 침 181. 매부 182. 아웅

스피드 속담 퀴즈!

※ 각 속담 오른쪽에 쓰인 번호는 본책 속 속담 번호입니다.

183 ☐ 뜨고 도둑맞는다. 384

184 눈에 ☐☐ 가 씌었다. 219

185 눈에는 눈 ☐ 에는 ☐ 458

186 늦게 배운 ☐☐ 이 날 새는 줄 모른다. 247

187 다 된 죽에 ☐ 빠뜨린다. 27

188 다람쥐 ☐☐ 돌듯 한다. 234

189 달걀에도 ☐ 가 있다. 375

친구와 누가 더 빨리 맞히나 시합해 보세요.

속담 빈칸에 들어갈 말은 무엇일까요?

190 ☐도 차면 기운다. 392

191 닭 잡아먹고 ☐☐ 내민다. 228

192 닭 쫓던 개 ☐☐ 쳐다보듯 152

193 대 ☐☐에서 대가 난다. 185

194 대추나무에 ☐ 걸리듯 308

195 더도 말고 덜도 말고 늘 ☐☐☐ 같아라. 355

196 더운 ☐ 먹고 식은 소리 한다. 309

스피드 속담 퀴즈!

※ 각 속담 오른쪽에 쓰인 번호는 본책 속 속담 번호입니다.

197 덤불이 커야 □□ 가 난다. 407

198 도깨비도 □□ 이 있어야 모인다. 176

199 도끼가 제 □□ 못 찍는다. 310

200 □□ 로 제 발등 찍는다. 128

201 도둑고양이더러 □□ 지켜 달라 한다. 161

202 도둑이 제 □ 저리다. 216

203 도랑 치고 □□ 잡기 462

친구와 누가 더 빨리
맞히나 시합해 보세요.

속담 빈칸에 들어갈 말은 무엇일까요?

204 ☐☐ 위의 생선 359

205 도토리 ☐ 재기 130

206 ☐ 안에 든 쥐 105

207 독서당 개가 맹자 ☐ 한다. 56

208 ☐☐ 도 두들겨 보고 건너라. 212

209 ☐☐ 도 밑 빠질 날이 있다. 113

210 돼지 목에 ☐☐ 목걸이 12

스피드 속담 퀴즈!

※ 각 속담 오른쪽에 쓰인 번호는 본책 속 속담 번호입니다.

211 되로 주고 ☐로 받는다. 446

212 될성부른 나무는 ☐☐부터 알아본다. 210

213 ☐☐ 먹다 이 빠진다. 465

214 뒤로 넘어져도 ☐가 깨진다. 253

215 뒤로 ☐☐씨 깐다. 191

216 드는 줄은 몰라도 ☐☐ 줄은 안다. 311

217 듣기 좋은 이야기도 늘 들으면 ☐☐. 312

친구와 누가 더 빨리
맞히나 시합해 보세요.

속담 빈칸에 들어갈 말은 무엇일까요?

218 ☐☐ 밑이 어둡다. 433

219 따 놓은 ☐☐ 381

220 ☐ 짚고 헤엄치기 323

221 땡감을 따 먹어도 ☐☐ 이 좋다. 284

222 ☐ 본 김에 굿한다. 403

223 떡 본 김에 ☐☐ 지낸다. 346

224 떡 줄 사람은 꿈도 안 꾸는데 ☐☐ 부터 마신다. 28

스피드 속담 퀴즈!

※ 각 속담 오른쪽에 쓰인 번호는 본책 속 속담 번호입니다.

225　☐☐☐ 소리 듣고 김칫국 찾는다. 51

226　떡에 ☐주걱 136

227　똥 묻은 개가 ☐ 묻은 개 나무란다. 10

228　똥 싸고 ☐낸다. 294

229　뚝배기보다 ☐맛 198

230　☐☐ 놈 위에 나는 놈 있다. 239

231　뛰어 보았자 ☐☐ 손바닥 170

친구와 누가 더 빨리 맞히나 시합해 보세요.

속담 빈칸에 들어갈 말은 무엇일까요?

232 뛰어야 ☐☐ 98

233 마른 논에 ☐ 대기 148

234 마른땅에 ☐☐ 박기 326

235 마른하늘에 ☐☐☐ 317

236 ☐☐☐에게 눈 감추듯 86

237 말 ☐에 염불 58

238 말 한마디에 천 냥 ☐도 갚는다. 43

정답 225. 먹쟁이 226. 탕 227. 개 228. 섬 229. 장 230. 뛰는 231. 우짖는 232. 벼룩 233. 물꼬 234. 말뚝 235. 날벼락 236. 남바위 237. 귀 238. 빚

스피드 속담 퀴즈!

※ 각 속담 오른쪽에 쓰인 번호는 본책 속 속담 번호입니다.

239　말은 나면 제주도로 보내고 사람은 나면 □□로 보내라. 217

240　말이 □가 된다. 244

241　맛없는 □이 뜨겁기만 하다. 405

242　망건 쓰고 □□한다. 85

243　망둥이가 뛰니까 □□□도 뛴다. 178

244　매 앞에 뜬 □ 같다. 477

245　□도 먼저 맞는 놈이 낫다. 348

친구와 누가 더 빨리
맞히나 시합해 보세요.

속담 빈칸에 들어갈 말은 무엇일까요?

246 머리카락 뒤에서 ☐☐☐☐ 한다. 291

247 먼 사촌보다 가까운 ☐☐ 이 낫다. 313

248 ☐☐☐ 도 유월이 한철이다. 110

249 ☐☐ 위에 선 누각 146

250 모래 위에 쌓은 ☐ 344

251 목구멍이 ☐☐☐ 이다. 269

252 목마른 사람이 ☐☐ 판다. 431

정답: 239. 사공 240. 씨 241. 꼬 242. 사자 243. 쟁두기 244. 눈 245. 애 246. 숨바꼭질 247. 이웃 248. 메뚜기 249. 모래 250. 집 251. 포도청 252. 우물

스피드 속담 퀴즈!

※ 각 속담 오른쪽에 쓰인 번호는 본책 속 속담 번호입니다.

253 몸에 좋은 약이 ☐에는 쓰다. 256

254 못 먹는 ☐ 찔러나 본다. 137

255 못 먹는 밥에 ☐ 집어넣기 171

256 못 먹는 ☐☐ 찔러 보는 심사 172

257 못 오를 ☐☐는 쳐다보지도 마라. 92

258 못된 송아지 ☐☐☐에 뿔 난다. 327

259 못살면 ☐ 탓 409

친구와 누가 더 빨리
맞히나 시합해 보세요.

속담 빈칸에 들어갈 말은 무엇일까요?

260 무른 ☐ 도 쉬어 가면서 먹어라. 479

261 무소식이 ☐☐ 이다. 248

262 무쇠도 갈면 ☐☐ 된다. 231

263 ☐ 없는 기러기 164

264 물에 물 탄 듯 ☐ 에 ☐ 탄 듯 314

265 물에 빠진 사람 건져 놓으니 내 ☐☐ 내라 한다. 445

266 물이 너무 맑으면 ☐☐ 가 안 모인다. 315

스피드 속담 퀴즈!

※ 각 속담 오른쪽에 쓰인 번호는 본책 속 속담 번호입니다.

267 ☐☐☐ 한 마리가 온 웅덩이를 흐려 놓는다. 196

268 미운 ☐☐ 우쭐거리며 똥 싼다. 406

269 미운 아이 ☐ 하나 더 준다. 279

270 ☐☐ 도끼에 발등 찍힌다. 233

271 믿었던 ☐ 에 발부리 채었다. 293

272 밑빠진 ☐ 에 물 붓기 141

273 믿져야 ☐☐ 438

친구와 누가 더 빨리 맞히나 시합해 보세요.

속담 빈칸에 들어갈 말은 무엇일까요?

274 바늘 가는 데 실 가고 바람 가는 데 ☐☐ 간다. 174

275 ☐☐ 가는 데 실 간다. 103

276 바늘 도둑이 ☐ 도둑 된다. 220

277 바늘구멍으로 ☐☐ 바람 들어온다. 21

278 ☐☐ 방석에 앉은 것 같다. 325

279 바람이 불어야 ☐ 가 가지. 149

280 밤이 깊어 갈수록 ☐☐ 이 가까워 온다. 316

정답: 267. 미꾸라지 268. 강아지 269. 역 270. 임도 271. 봄 272. 눈 273. 독, 무장 274. 구름 들 275. 바늘 276. 소 277. 황소 278. 가시 279. 나무 280. 새벽

스피드 속담 퀴즈!

※ 각 속담 오른쪽에 쓰인 번호는 본책 속 속담 번호입니다.

281 밥 먹을 때는 ☐도 안 건드린다. 87

282 밥은 굶어도 ☐이 편해야 산다. 413

283 ☐☐ 뀐 놈이 성낸다. 263

284 방귀가 잦으면 ☐이 나온다. 453

285 배나무에 ☐ 열리지 감 안 열린다. 186

286 배보다 ☐☐이 크다. 353

287 ☐ 번 듣는 것이 한 번 보는 것만 못하다. 254

친구와 누가 더 빨리
맞히나 시합해 보세요.

속담 빈칸에 들어갈 말은 무엇일까요?

288 ☐☐도 맞들면 낫다. 321

289 뱁새가 ☐☐ 따라가면 다리가 찢어진다. 133

290 버선 신고 ☐☐ 긁기 180

291 번갯불에 ☐ 볶아 먹겠다. 260

292 범에게 열두 번 물려 가도 ☐☐을 놓지 말라. 183

293 벙어리 ☐☐ 앓듯 414

294 벼 이삭은 익을수록 고개를 ☐☐. 20

스피드 속담 퀴즈!

※ 각 속담 오른쪽에 쓰인 번호는 본책 속 속담 번호입니다.

295 벼룩도 ☐☐이 있다. 349

296 벽에도 ☐가 있다. 23

297 병 주고 ☐ 준다. 249

298 병에 찬 ☐은 저어도 소리가 나지 않는다. 55

299 보기 좋은 ☐이 먹기도 좋다. 225

300 ☐꽃도 한때 469

301 부뚜막의 ☐☐도 집어넣어야 짜다. 206

친구와 누가 더 빨리
맞히나 시합해 보세요.

속담 빈칸에 들어갈 말은 무엇일까요?

302 불난 집에 ☐☐ 한다. 139

303 불면 꺼질까 쥐면 ☐☐ 415

304 ☐ 온 날 수탉같이 416

305 비 온 뒤에 ☐ 이 굳어진다. 221

306 비단옷 입고 ☐☐ 가기 376

307 ☐ 깡통이 소리는 더 난다. 175

308 빈 ☐☐ 가 요란하다. 122

스피드 속담 퀴즈!

※ 각 속담 오른쪽에 쓰인 번호는 본책 속 속담 번호입니다.

309 빈대 잡으려고 ☐☐☐ 태운다. 204

310 ☐도 낯짝이 있다. 417

311 빛 좋은 ☐☐ 189

312 뿌린 대로 ☐☐. 447

313 ☐이 많으면 배가 산으로 간다. 35

314 사람은 죽으면 ☐을 남기고 호랑이는 가죽을 남긴다. 4

315 사람이 죽으란 법은 ☐☐. 484

친구와 누가 더 빨리
맞히나 시합해 보세요.

속담 빈칸에 들어갈 말은 무엇일까요?

316 사흘 굶어 ☐☐ 아니할 놈 없다. 418

317 산 개가 죽은 ☐☐보다 낫다. 419

318 ☐ 넘어 ☐이다. 396

319 산에 가야 범을 잡고 물에 가야 ☐☐를 잡는다. 420

320 산은 오를수록 높고 ☐은 건널수록 깊다. 397

321 산이 깊어야 ☐이 있다. 466

322 산토끼를 잡으려다가 ☐토끼를 놓친다. 424

스피드 속담 퀴즈!

※ 각 속담 오른쪽에 쓰인 번호는 본책 속 속담 번호입니다.

323 삶은 호박에 ☐ 박기 402

324 삼대 거지 없고 삼대 ☐☐ 없다. 422

325 새 발의 ☐ 235

326 새우 싸움에 ☐☐ 등 터지랴. 153

327 색시가 고우면 처갓집 외양간 말뚝에도 ☐ 한다. 421

328 ☐☐ 망신은 꼴뚜기가 시킨다. 365

329 생일날 잘 먹으려고 이레를 ☐☐☐. 425

친구와 누가 더 빨리 맞히나 시합해 보세요.

속담 빈칸에 들어갈 말은 무엇일까요?

330 서당 ☐ 삼 년에 풍월을 한다. 37

331 서울서 매 맞고 ☐☐에서 주먹질한다. 481

332 ☐☐에 가야 과거도 본다. 393

333 ☐☐이 사람 잡는다. 36

334 선반에서 떨어진 ☐ 63

335 세 살 버릇 ☐☐까지 간다. 330

336 세월이 ☐ 385

스피드 속담 퀴즈!

※ 각 속담 오른쪽에 쓰인 번호는 본책 속 속담 번호입니다.

337 소 귀에 ☐ 읽기 9

338 소 ☐ 보듯 11

339 소 잃고 ☐☐ 고치기 203

340 ☐ 팔아 닭 산다. 351

341 소도 ☐☐ 이 있어야 비빈다. 93

342 소매 긴 김에 ☐☐ . 404

343 소문난 ☐☐ 에 먹을 것 없다. 382

친구와 누가 더 빨리 맞히나 시합해 보세요.

속담 빈칸에 들어갈 말은 무엇일까요?

344 속 빈 ☐☐ 334

345 ☐ 안 대고 코 풀기 240

346 ☐☐ 도 마주쳐야 소리가 난다. 336

347 손톱 밑의 ☐☐ 270

348 솔개는 ☐ 편 45

349 송충이가 ☐☐ 을 먹으면 떨어진다. 177

350 ☐☐ 는 솔잎을 먹어야 산다. 114

정답 337. 개 338. 돈 339. 인어공주 340. 그 341. 안다 342. 훌륭한 343. 잔기지 344. 강정 345. 손 346. 손바닥 347. 가시 348. 매 349. 갈잎 350. 송충이

스피드 속담 퀴즈!

※ 각 속담 오른쪽에 쓰인 번호는 본책 속 속담 번호입니다.

351 쇠□에 염불 57

352 쇠□도 약에 쓰려면 없다. 476

353 쇠□도 단김에 빼랬다. 423

354 □□ 겉 핥기 143

355 □□이 석 자라도 먹어야 양반 443

356 순풍에 □을 단다. 120

357 □□에 물 탄 격 147

친구와 누가 더 빨리
맞히나 시합해 보세요.

속담 빈칸에 들어갈 말은 무엇일까요?

358 ☐☐가 뛰니까 망둥이도 뛴다. 126

359 ☐이 검정 나무란다. 53

360 ☐이 깊어야 도깨비가 나온다. 379

361 쉬 더운 ☐이 쉬 식는다. 24

362 쉽게 단 ☐가 쉽게 식는다. 59

363 시간은 ☐이다. 339

364 시작이 ☐이다. 463

스피드 속담 퀴즈!

※ 각 속담 오른쪽에 쓰인 번호는 본책 속 속담 번호입니다.

365 시장이 □□ 이다. 363

366 식은 □도 맛보고 먹으랬다. 480

367 식은 □ 먹기 245

368 식은 죽도 불어 가며 □□. 442

369 □ 신고 발바닥 긁기 117

370 □□ 놀음에 도낏자루 썩는 줄 모른다. 457

371 실속 없는 잔치 □□만 멀리 간다. 426

친구와 누가 더 빨리 맞히나 시합해 보세요.

속담 빈칸에 들어갈 말은 무엇일까요?

372 ☐ 년 묵은 체증이 내려간다. 264

373 십 년이면 ☐☐ 도 변한다. 427

374 십 리도 못 가서 ☐☐ 난다. 428

375 싼 게 비지 ☐ 347

376 ☐☐ 에서 인심 난다. 429

377 ☐☐ 이 주머닛돈 430

378 썩어도 ☐☐ 391

스피드 속담 퀴즈!

※ 각 속담 오른쪽에 쓰인 번호는 본책 속 속담 번호입니다.

379 쓴□ 단□ 다 보았다. 486

380 아끼다 □ 된다. 360

381 아는 게 □이다. 258

382 아는 □도 물어서 가라. 226

383 아니 땐 굴뚝에 □□ 나랴. 197

384 아닌 밤중에 찰시루□ 64

385 아닌 □□에 홍두깨 338

친구와 누가 더 빨리 맞히나 시합해 보세요.

속담 빈칸에 들어갈 말은 무엇일까요?

386 아이 보는 데는 ☐물도 못 마신다. 345

387 아이 ☐☐이 어른 ☐☐ 된다. 44

388 아흔아홉 ☐ 가진 사람이
한 ☐ 가진 사람의 것을 마저 빼앗으려 한다. 487

389 안 되면 ☐☐ 탓 410

390 앓던 ☐ 빠진 것 같다. 488

391 앞집 ☐ 치는 소리 듣고 김칫국부터 마신다. 52

392 약방에 ☐☐ 32

스피드 속담 퀴즈!

※ 각 속담 오른쪽에 쓰인 번호는 본책 속 속담 번호입니다.

393 어두운 밤에 ☐☐ 408

394 ☐☐ 망신은 꼴뚜기가 시킨다. 199

395 억지로 ☐ 받기 295

396 언 발에 ☐☐ 누기 15

397 업으나 ☐☐ 489

398 ☐☐ 절 받기 273

399 엎어지면 ☐ 닿을 데 261

친구와 누가 더 빨리
맞히나 시합해 보세요.

속담 빈칸에 들어갈 말은 무엇일까요?

400 엎어진 ☐ 에 쉬어 간다. 455

401 열 길 물속은 알아도 한 길 ☐☐ 속은 모른다. 283

402 ☐ 번 찍어 안 넘어가는 나무 없다. 18

403 열 ☐☐ 깨물어 안 아픈 ☐☐ 이 없다. 16

404 ☐ 찔러 절 받기 296

405 ☐☐ 감기는 개도 아니 걸린다. 490

406 오뉴월 ☐ 팔자 366

스피드 속담 퀴즈!

※ 각 속담 오른쪽에 쓰인 번호는 본책 속 속담 번호입니다.

407 오이씨에서 오이 나오고 ☐에서 ☐ 나온다. 187

408 옷 입고 가려운 데 ☐☐. 181

409 옷이 ☐☐다. 188

410 용의 꼬리보다 뱀의 ☐☐가 낫다. 129

411 우는 아이 ☐ 준다. 352

412 우렁이도 두렁 넘을 ☐가 있다. 289

413 우물 안 ☐☐ 319

친구와 누가 더 빨리 맞히나 시합해 보세요.

속담 빈칸에 들어갈 말은 무엇일까요?

414 ☐☐에서 숭늉 찾는다. 38

415 우물을 파도 ☐ 우물만 파라. 150

416 울며 ☐☐ 먹기 367

417 웃느라 한 말에 ☐☐ 난다. 267

418 웃는 낯에 ☐ 뱉으랴. 329

419 원님 덕에 ☐☐ 분다. 34

420 ☐☐는 외나무다리에서 만난다. 214

스피드 속담 퀴즈!

※ 각 속담 오른쪽에 쓰인 번호는 본책 속 속담 번호입니다.

421 원숭이도 ☐☐에서 떨어진다. 3

422 윗☐이 맑아야 아랫☐이 맑다. 451

423 이리 앞의 ☐ 102

424 이리가 짖으니 개가 ☐☐를 흔든다. 46

425 ☐☐ 없는 용마 165

426 ☐에 맞는 떡 470

427 입에 ☐ 약이 병에는 좋다. 14

친구와 누가 더 빨리 맞히나 시합해 보세요.

> ## 속담 빈칸에 들어갈 말은 무엇일까요?

428 입은 비뚤어져도 ☐은 바로 하랬다. 491

429 ☐이 광주리만 해도 말 못한다. 297

430 입이 ☐ 개라도 할 말이 없다. 255

431 자다가 ☐☐ 두들긴다. 22

432 자라 보고 놀란 가슴 ☐☐ 보고도 놀란다. 492

433 작은 ☐☐가 더 맵다. 19

434 작은 ☐☐이 이내 뜨거워진다. 60

스피드 속담 퀴즈!

※ 각 속담 오른쪽에 쓰인 번호는 본책 속 속담 번호입니다.

435 잔디밭에서 ☐☐ 찾기 493

436 잘되는 ☐ 가마에 재를 넣는다. 50

437 잘되면 제 탓 못 되면 ☐☐ 탓 342

438 ☐☐는 곰이 넘고 돈은 주인이 받는다. 116

439 젊어서 ☐☐은 사서도 한다. 222

440 제 ☐에 제가 넘어간다. 331

441 제 ☐에 물 대기 275

친구와 누가 더 빨리 맞히나 시합해 보세요.

속담 빈칸에 들어갈 말은 무엇일까요?

442 제 ☐ 열 가지 가진 놈이 남의 ☐ 한 가지를 본다. 54

443 종로에서 ☐ 맞고 한강에서 눈 흘긴다. 459

444 죽은 나무에 ☐ 이 핀다. 368

445 죽을 수가 닥치면 살 수가 ☐☐. 485

446 줄 없는 ☐☐ 394

447 쥐구멍에도 ☐ 들 날이 있다. 340

448 ☐☐ 도 밟으면 꿈틀한다. 437

스피드 속담 퀴즈!

※ 각 속담 오른쪽에 쓰인 번호는 본책 속 속담 번호입니다.

449 지성이면 ☐☐이다. 494

450 집 떠나면 ☐☐이다. 341

451 집에서 새는 바가지는 ☐에 가도 샌다. 108

452 ☐☐도 제짝이 있다. 135

453 ☐ 잃은 기러기 107

454 짝 잃은 ☐☐ 166

455 ☐☐도 위아래가 있다. 373

친구와 누가 더 빨리 맞히나 시합해 보세요.

속담 빈칸에 들어갈 말은 무엇일까요?

456 찬 ☐ 더운 ☐ 다 먹어 봤다. 144

457 참새가 ☐☐ 을 그냥 지나치랴. 435

458 참을 인 자 셋이면 ☐☐ 도 피한다. 495

459 천 리 길도 ☐ 걸음부터 227

460 ☐☐ 에 배부르랴. 333

461 초가삼간 다 타도 ☐☐ 죽은 것만 시원하다. 496

462 초상 난 집 ☐ 471

스피드 속담 퀴즈!

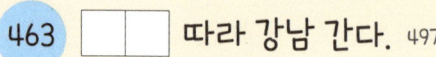

※ 각 속담 오른쪽에 쓰인 번호는 본책 속 속담 번호입니다.

463 ☐☐ 따라 강남 간다. 497

464 ☐로 물 베기 140

465 콩 심은 데 콩 나고 ☐ 심은 데 ☐ 난다. 138

466 ☐ 한 쪽도 나눠 먹는다. 498

467 ☐밭에 가서 두부 찾는다. 369

468 콩으로 ☐☐를 쑨다고 해도 믿지 않는다. 88

469 콩을 팥이라고 ☐☐. 499

친구와 누가 더 빨리 맞히나 시합해 보세요.

속담 빈칸에 들어갈 말은 무엇일까요?

470 태산을 넘으면 ☐☐를 본다. 287

471 ☐도 아니 난 것이 날기부터 하려 한다. 286

472 털어서 ☐☐ 안 나는 사람 없다. 356

473 티끌 모아 ☐☐이다. 266

474 팔은 ☐으로 굽는다. 390

475 평안 감사도 저 싫으면 ☐☐이다. 33

476 푸줏간에 든 ☐ 169

스피드 속담 퀴즈!

※ 각 속담 오른쪽에 쓰인 번호는 본책 속 속담 번호입니다.

477　핑계 없는 ☐☐이 없다. 450

478　☐☐를 보고 열을 안다. 322

479　하나만 알고 ☐은 모른다. 250

480　하늘 보고 침 ☐☐ 460

481　☐☐도 끝 갈 날이 있다. 500

482　하늘은 스스로 돕는 자를 ☐☐☐. 454

483　하늘의 ☐ 따기 370

친구와 누가 더 빨리
맞히나 시합해 보세요.

속담 빈칸에 들어갈 말은 무엇일까요?

484 하늘이 무너져도 솟아날 ☐☐ 이 있다. 440

485 ☐☐☐☐ 범 무서운 줄 모른다. 42

486 ☐ 되 주고 ☐ 섬 받는다. 478

487 한 ☐ 건너 두 ☐ 472

488 한술 ☐ 에 배부르랴. 412

489 헌 고리도 ☐ 이 있다. 182

490 형만 한 ☐☐ 없다. 388

스피드 속담 퀴즈!

※ 각 속담 오른쪽에 쓰인 번호는 본책 속 속담 번호입니다.

491 호랑이 굴에 들어가야 호랑이 ☐☐를 잡는다. 192

492 호랑이 없는 골에 ☐☐가 왕 노릇 한다. 282

493 호랑이 잡고 ☐☐ 맞는다. 501

494 ☐☐☐ 제 새끼 안 잡아먹는다. 502

495 호랑이도 제 말 하면 ☐☐. 2

496 호랑이를 그리려다 ☐☐☐를 그린다. 337

497 호랑이한테 ☐☐ 가도 정신만 차리면 산다. 89

친구와 누가 더 빨리 맞히나 시합해 보세요.